*Charlene Potts*

# QUESTO LIBRO APPARTIENE A

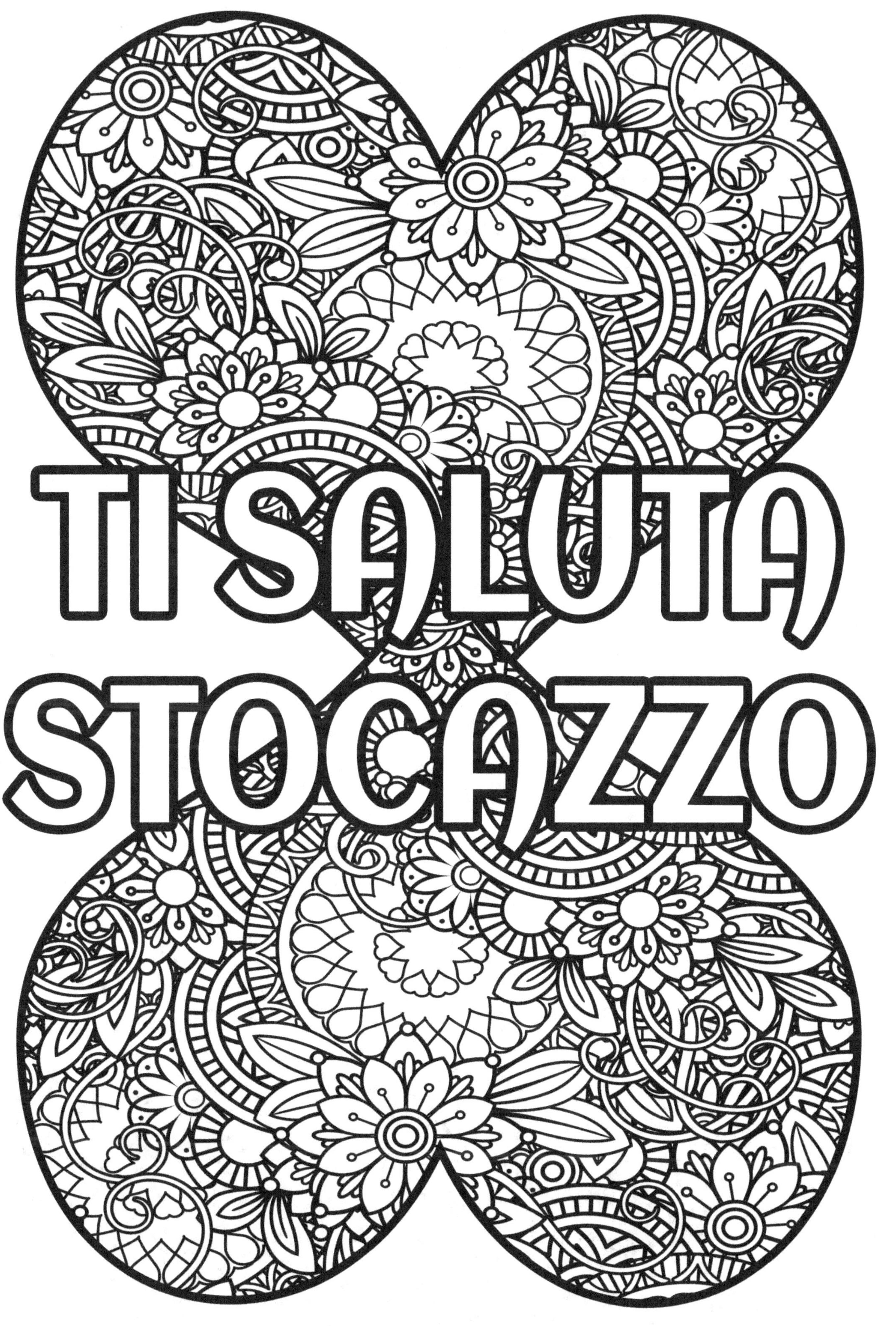
TI SALUTA
STOCAZZO

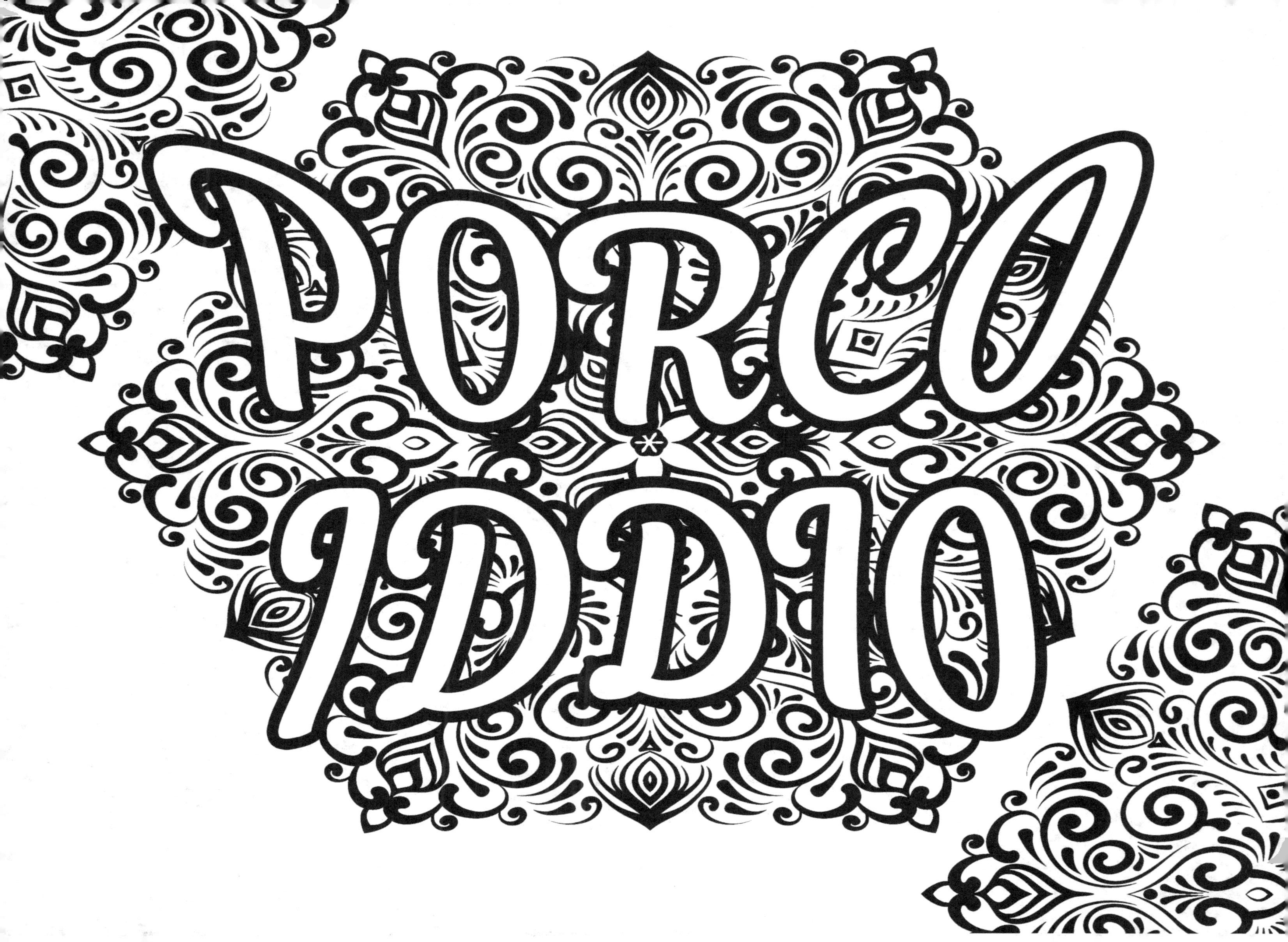
PORCO
IDDIO

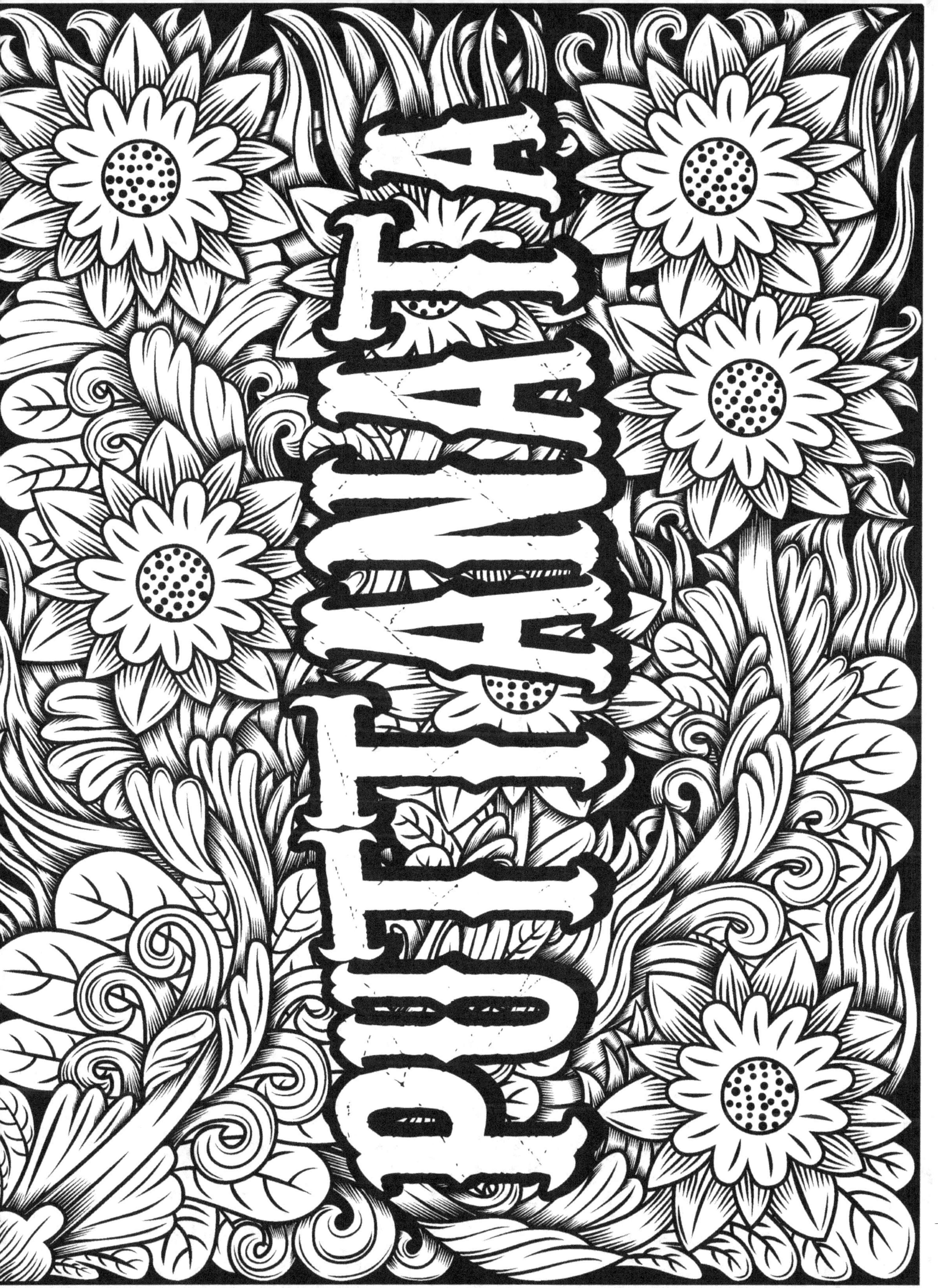
PUTTANA

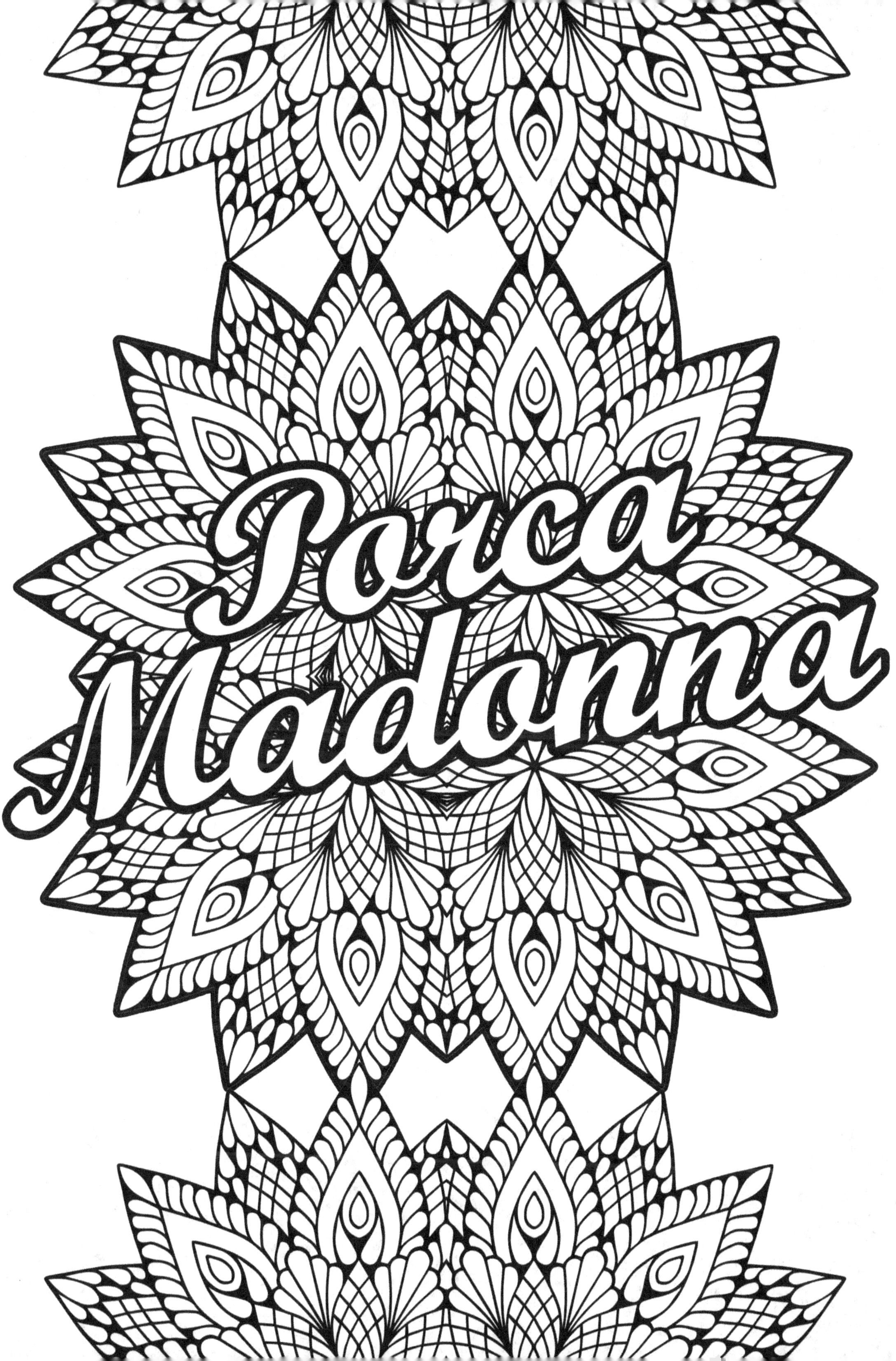
Porca
Madonna

# POMPINO

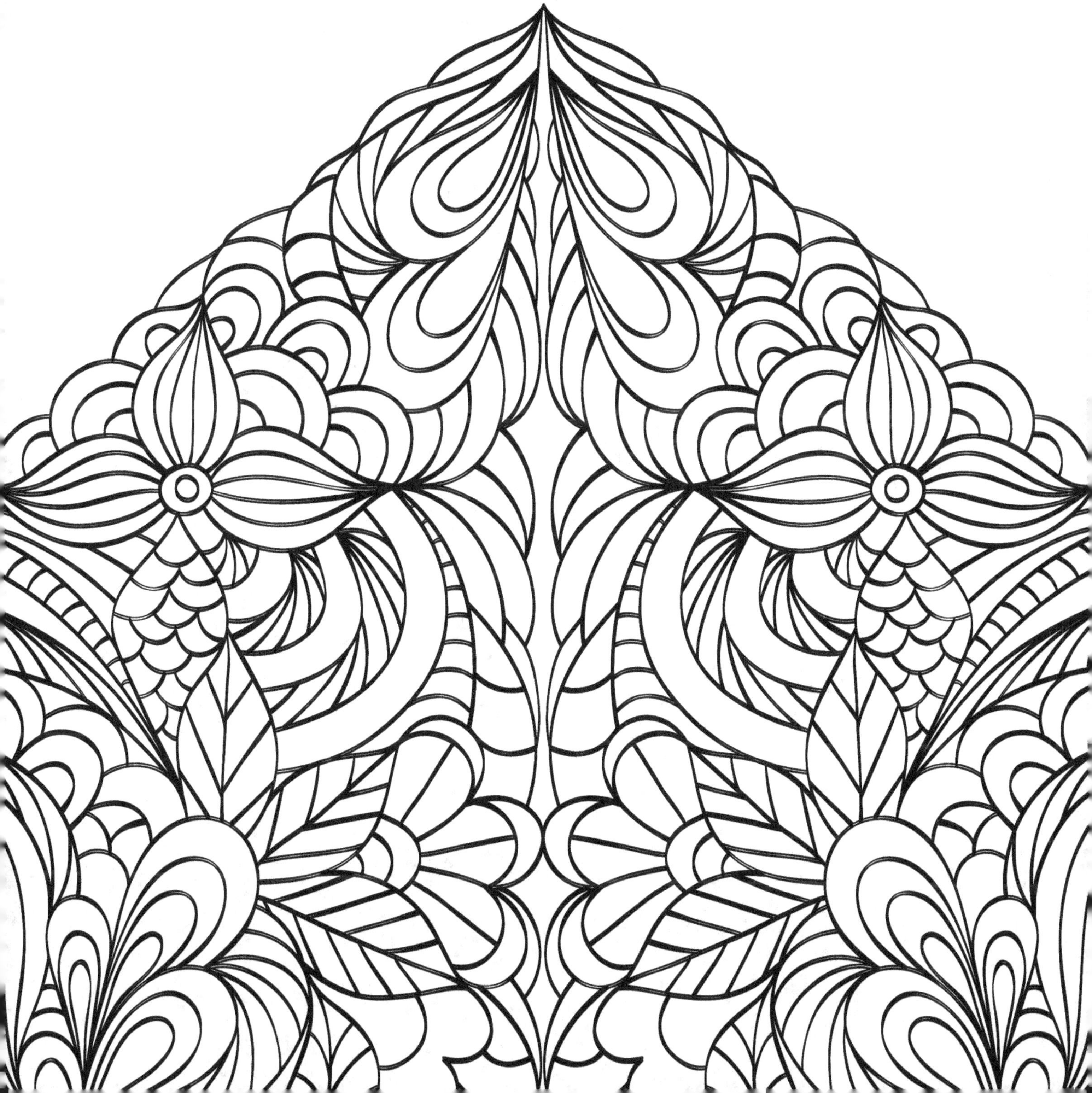

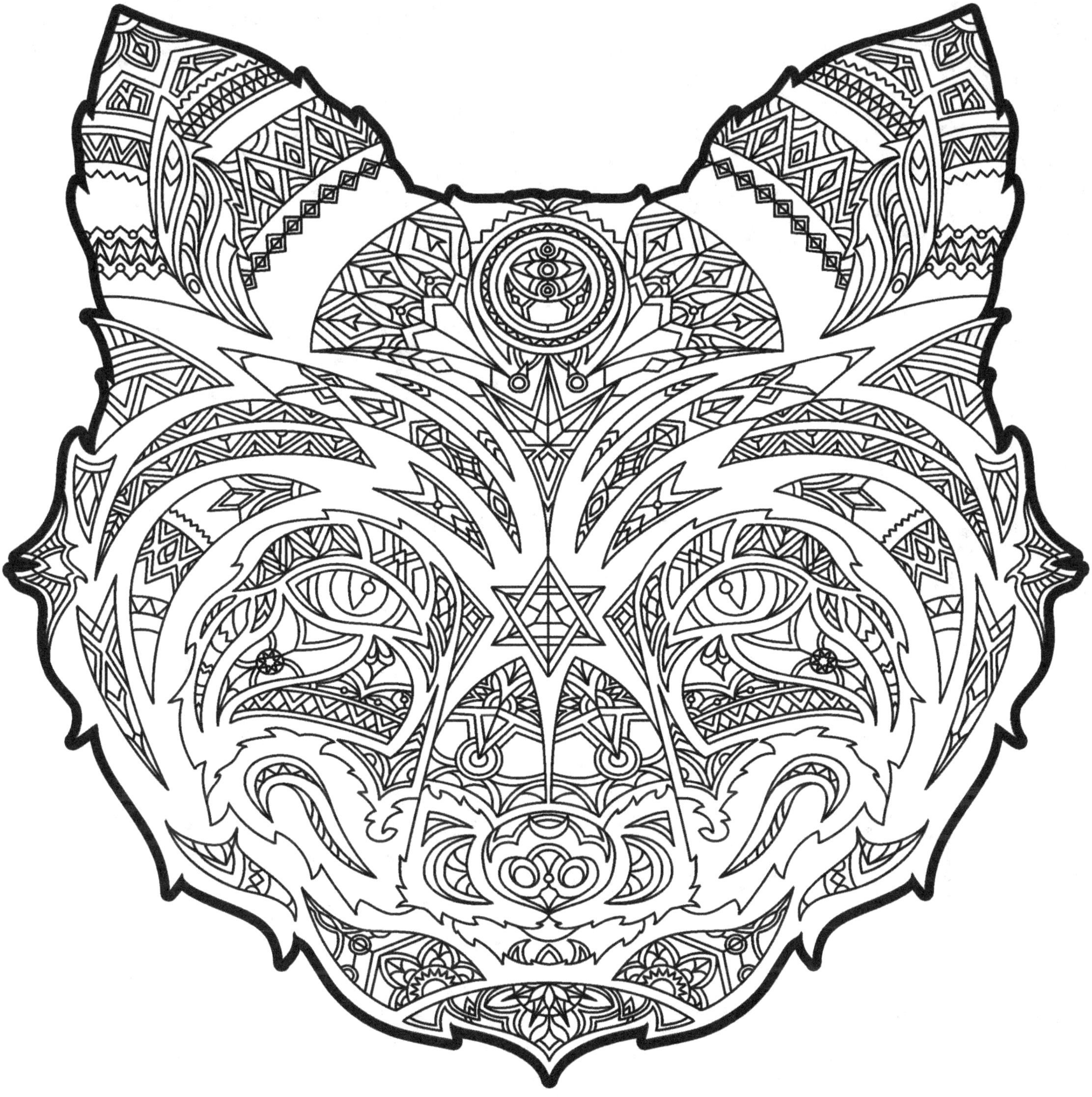

# PUTTANAIO

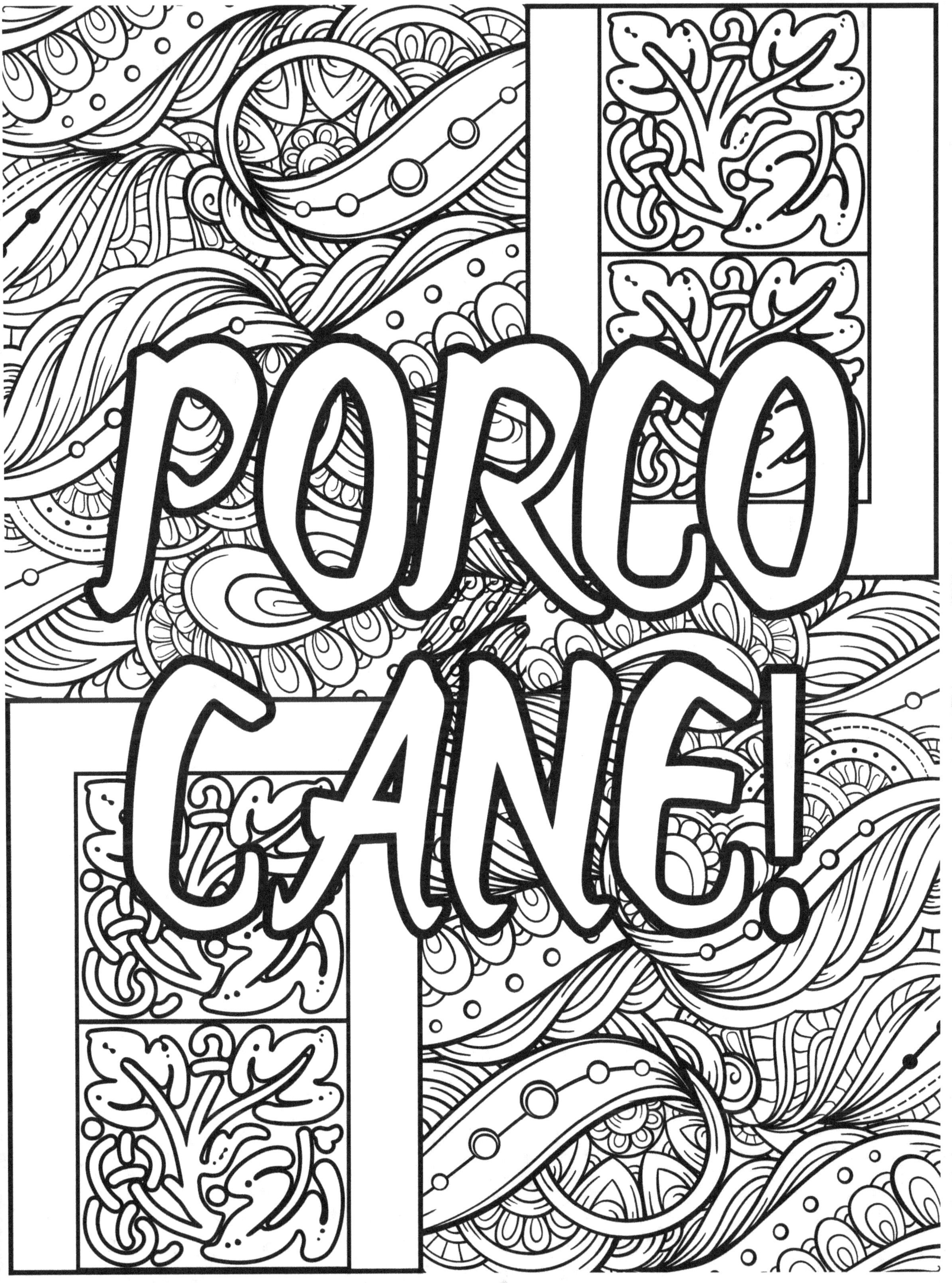
PORCO
CANE!

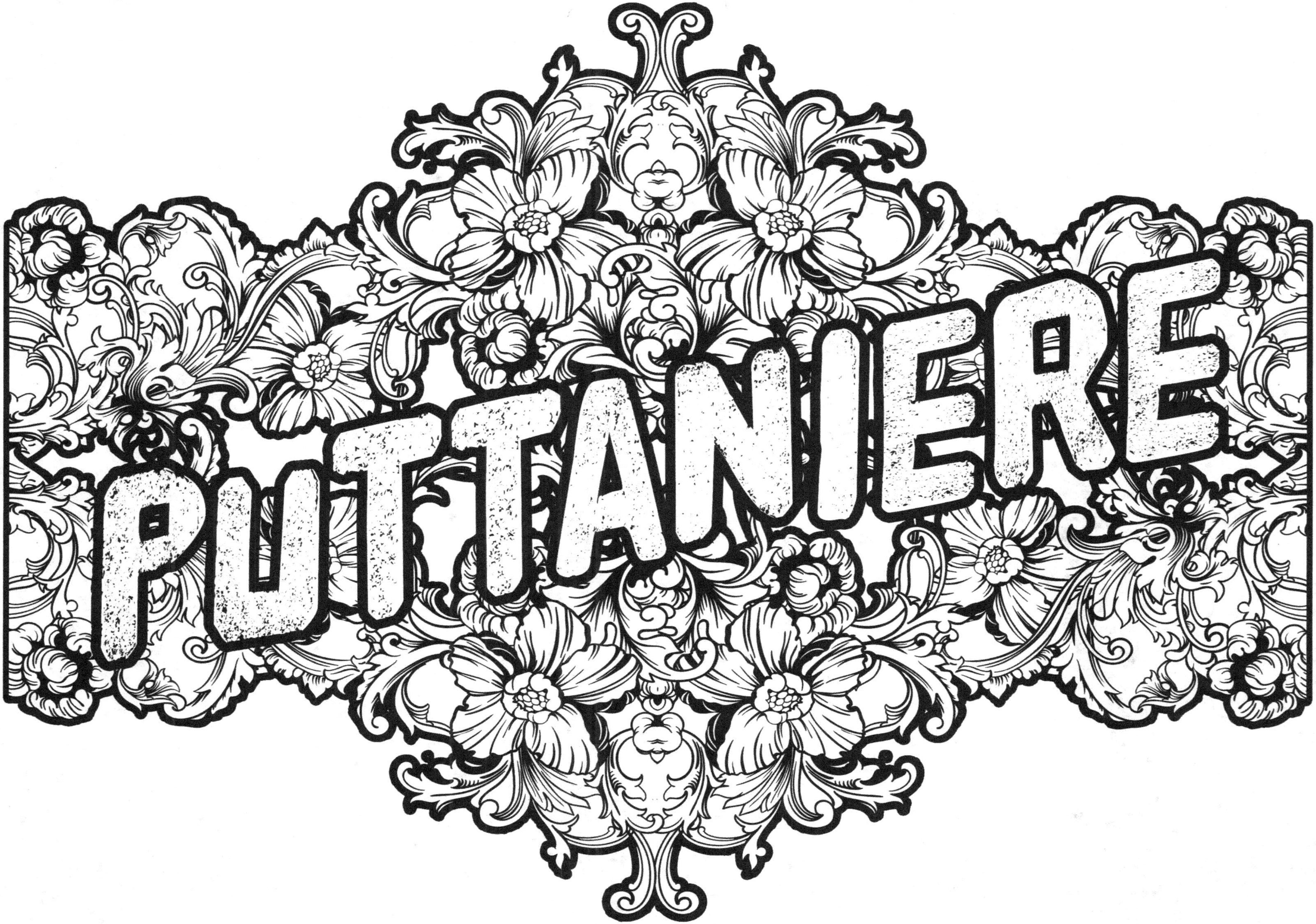
PUTTANIERE

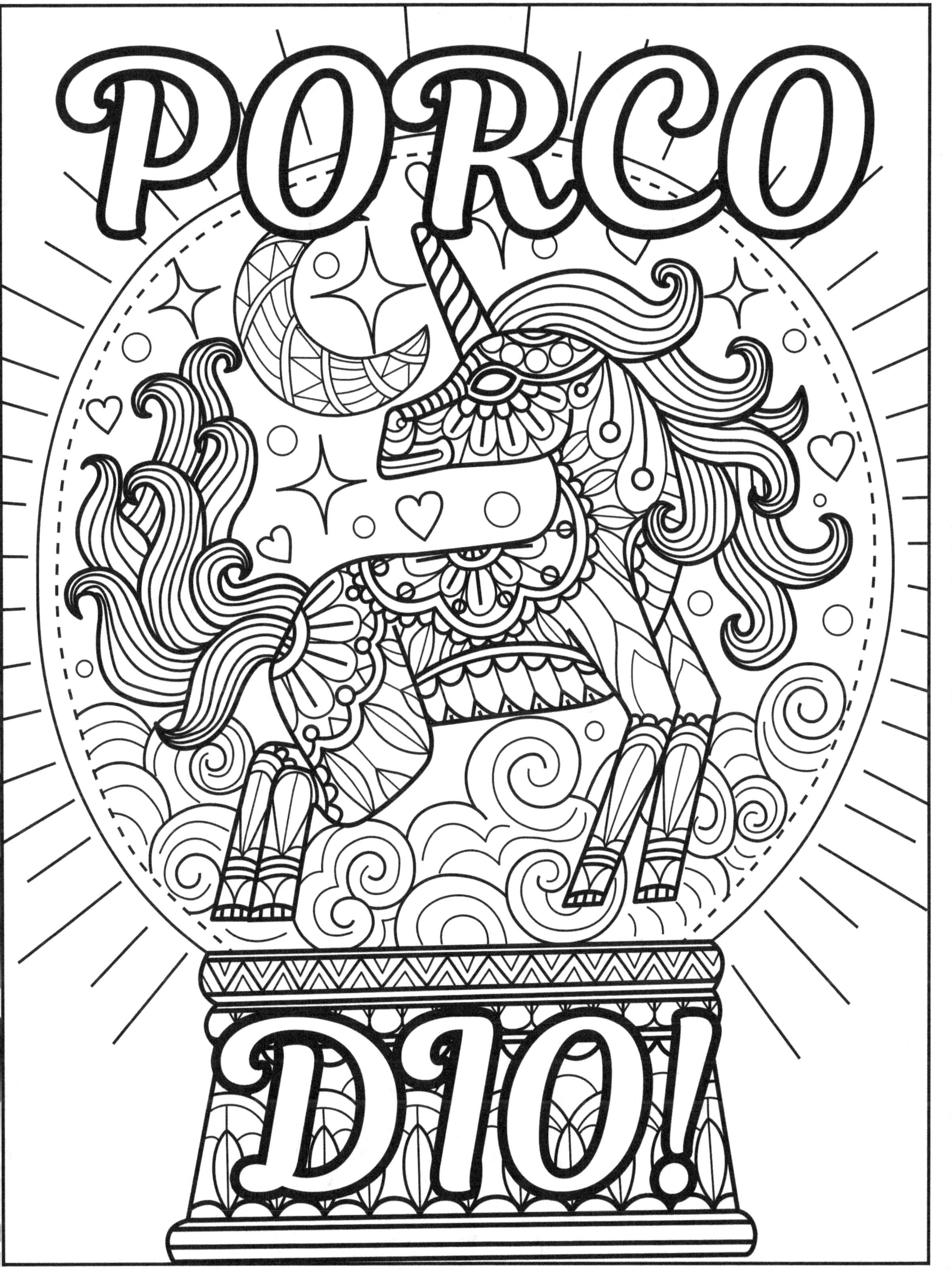
PORCO
DIO!

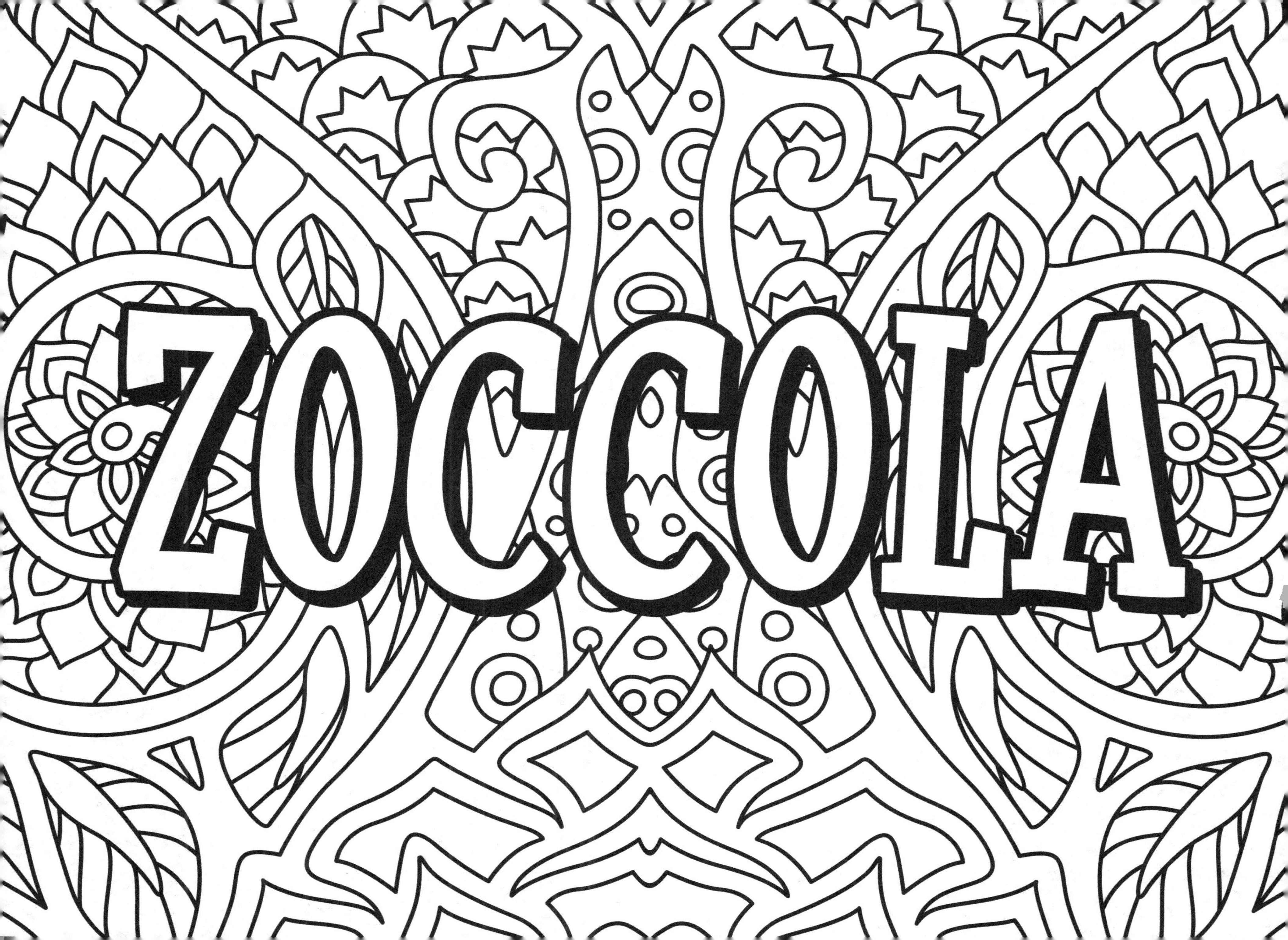
ZOCCOLA

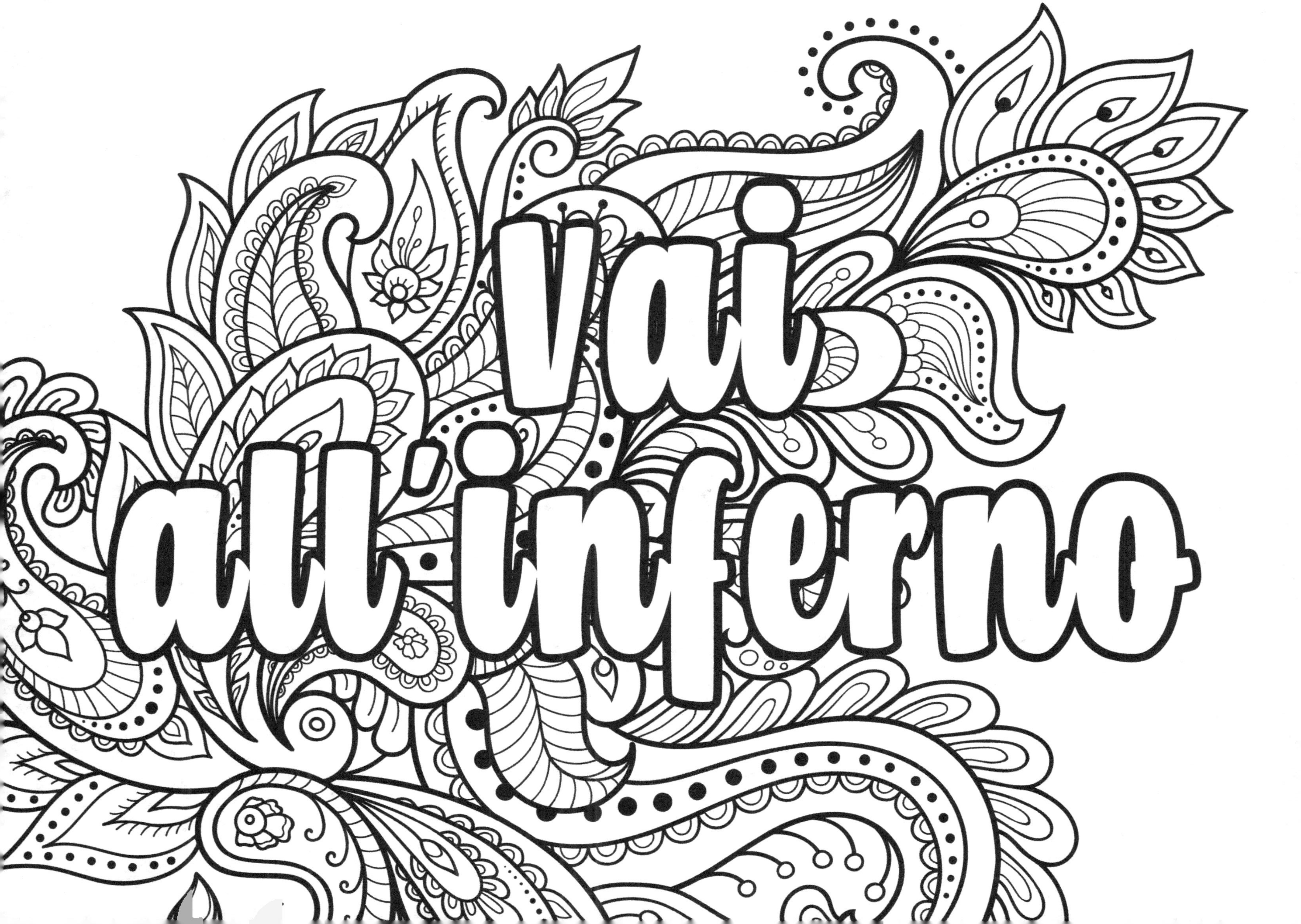
Vai
all'inferno

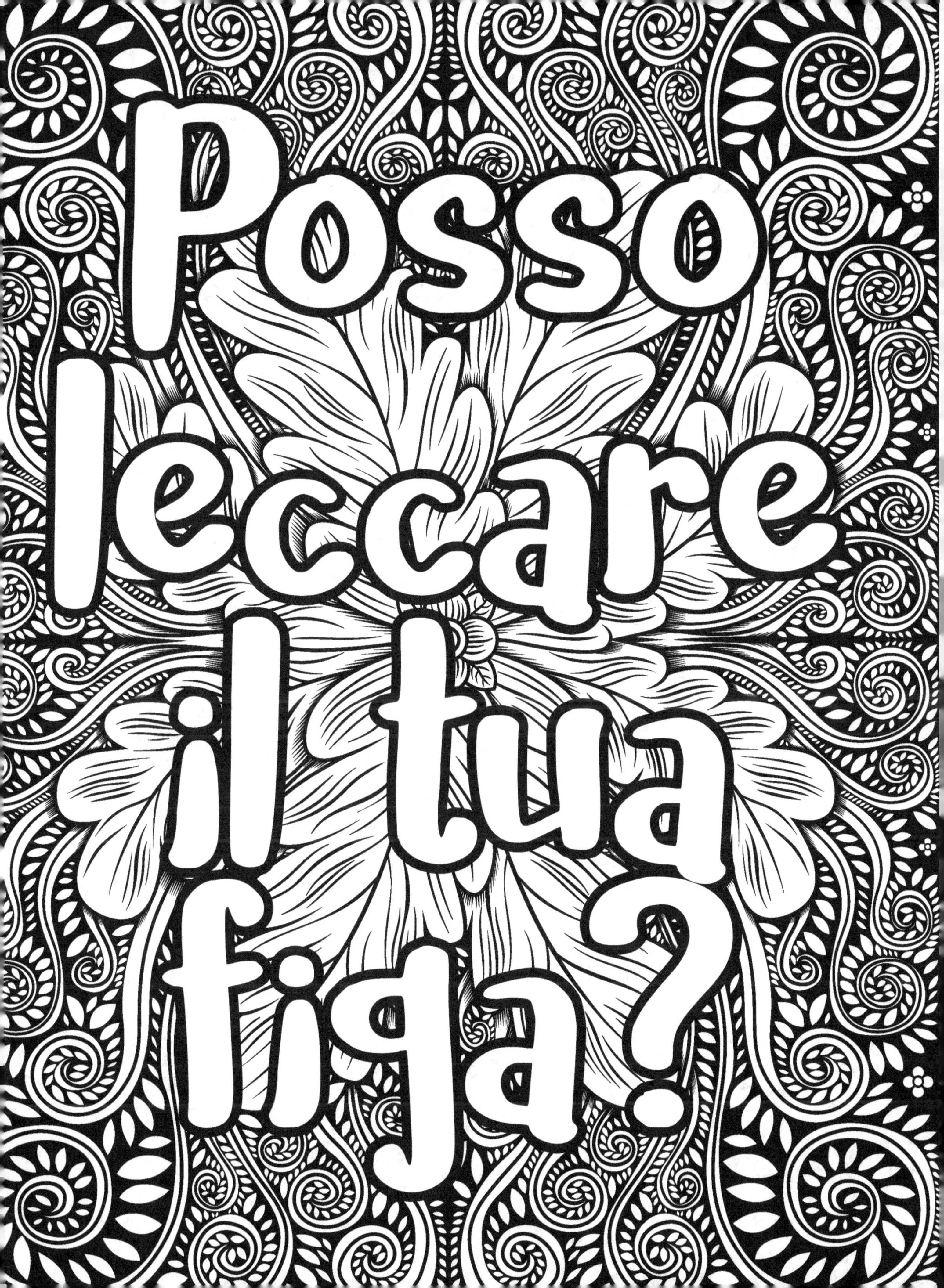
Posso
leccare
il tua
figa?

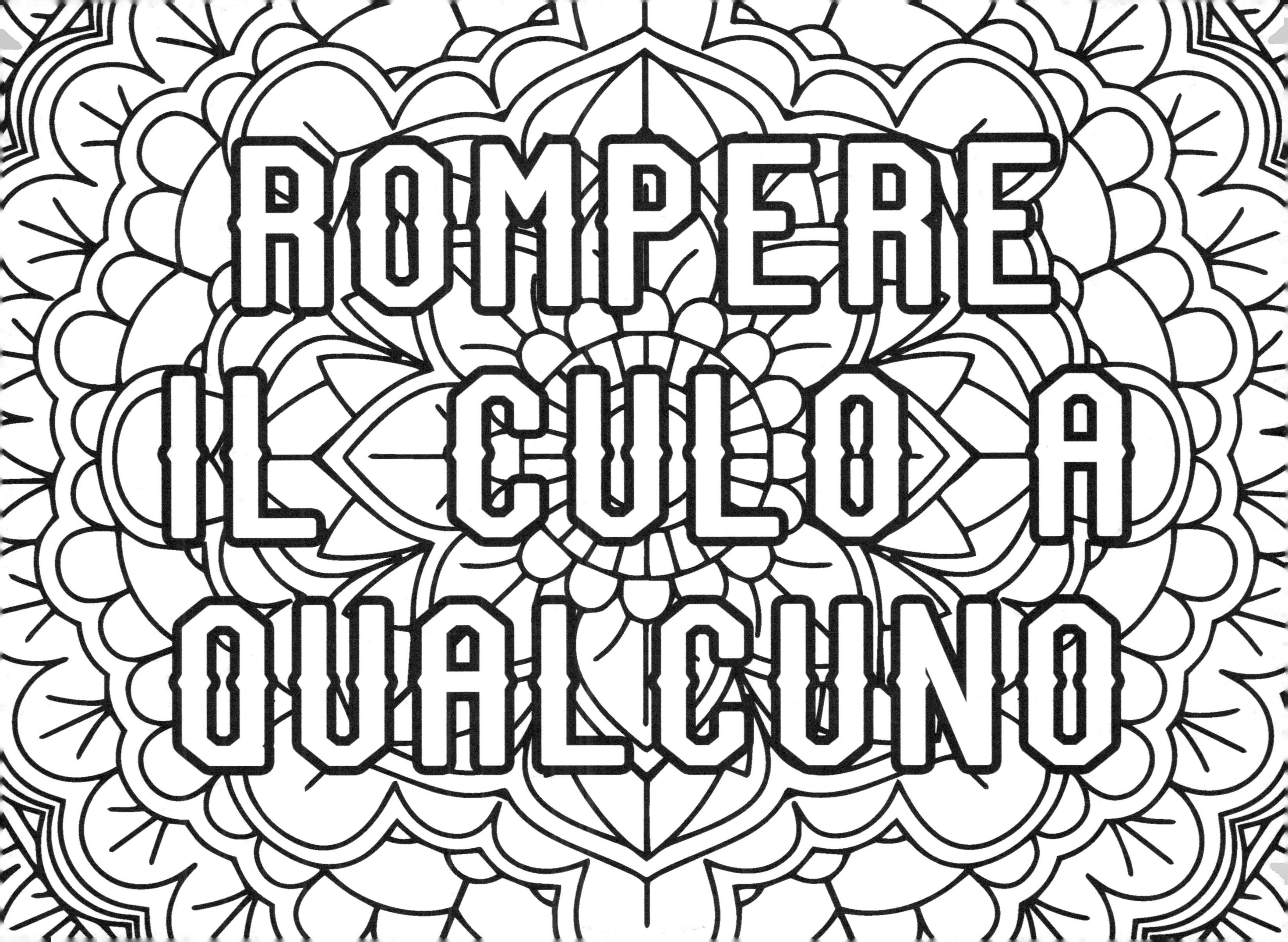
ROMPERE
IL CULO A
QUALCUNO

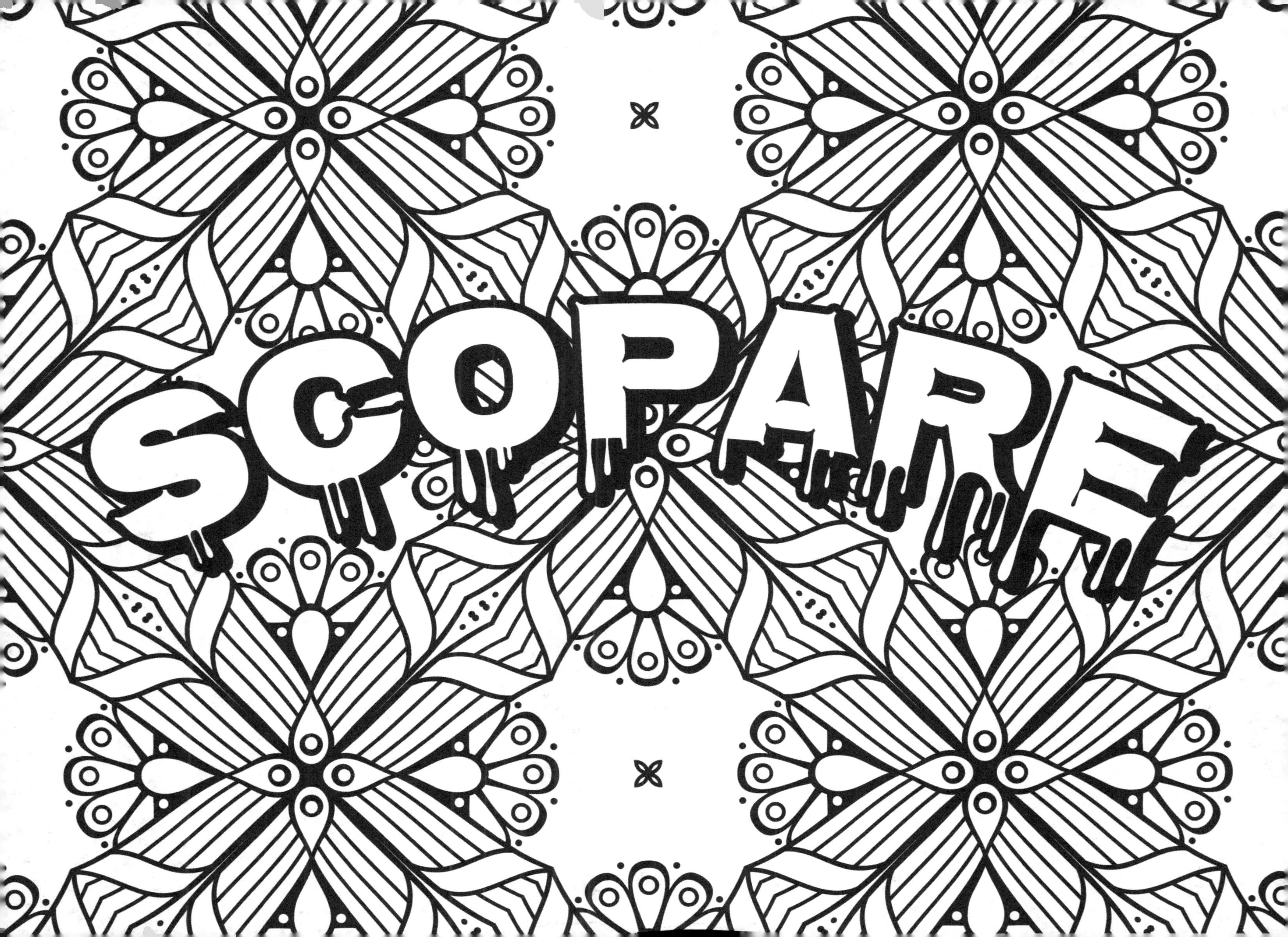
SCOPARE

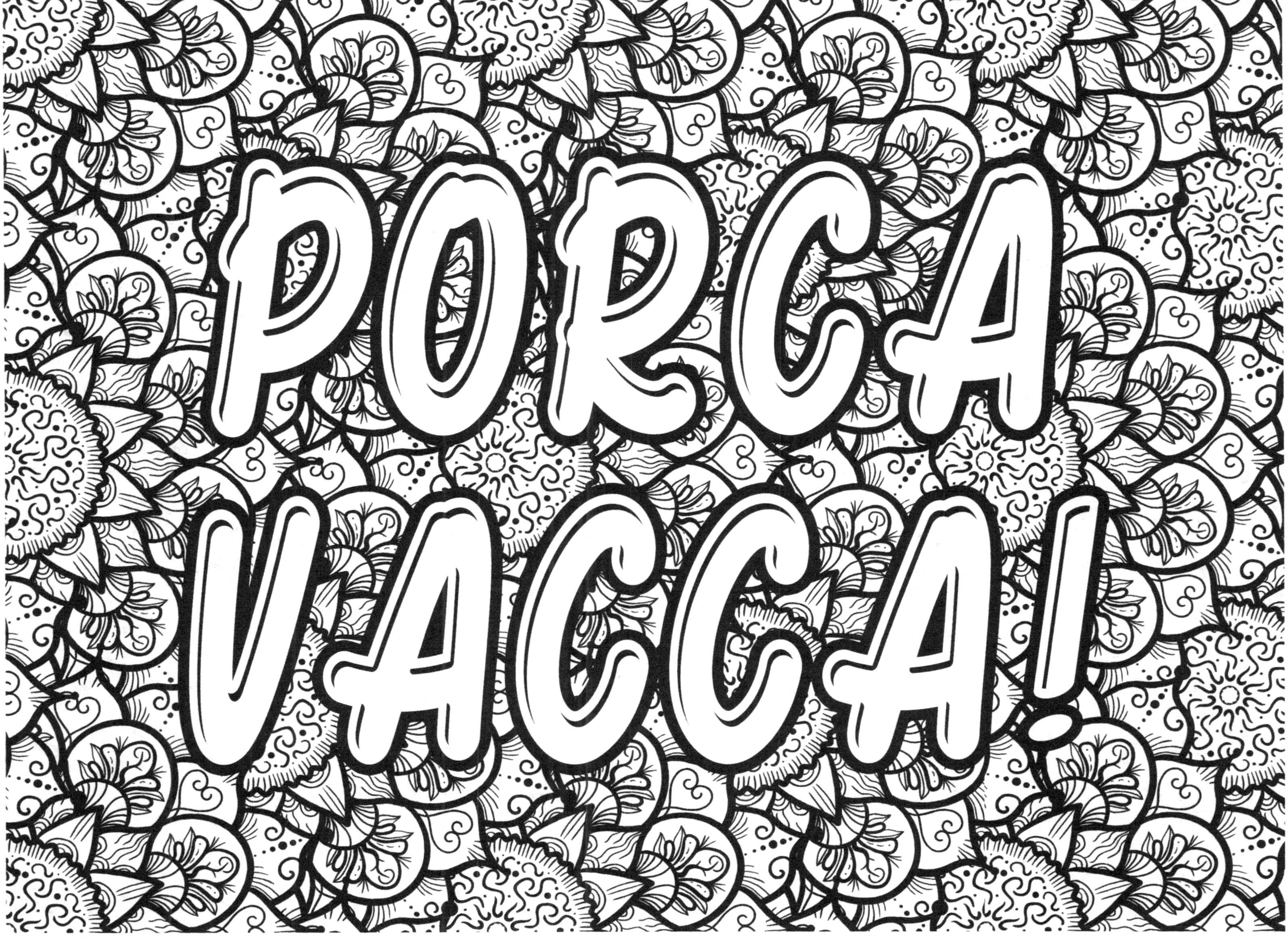
PORCA
VACCA!

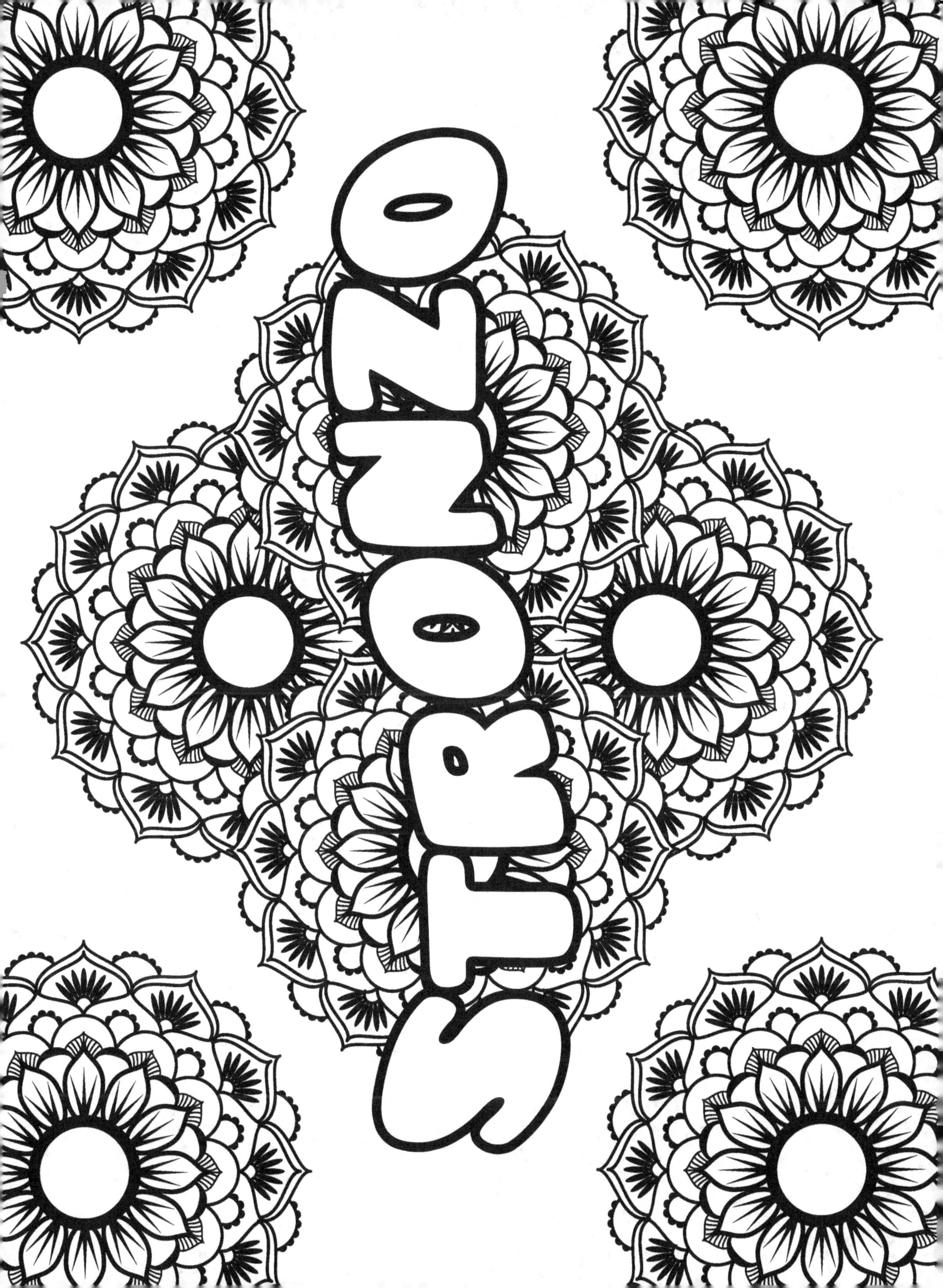
STRONZO

# TI AMMAZZO

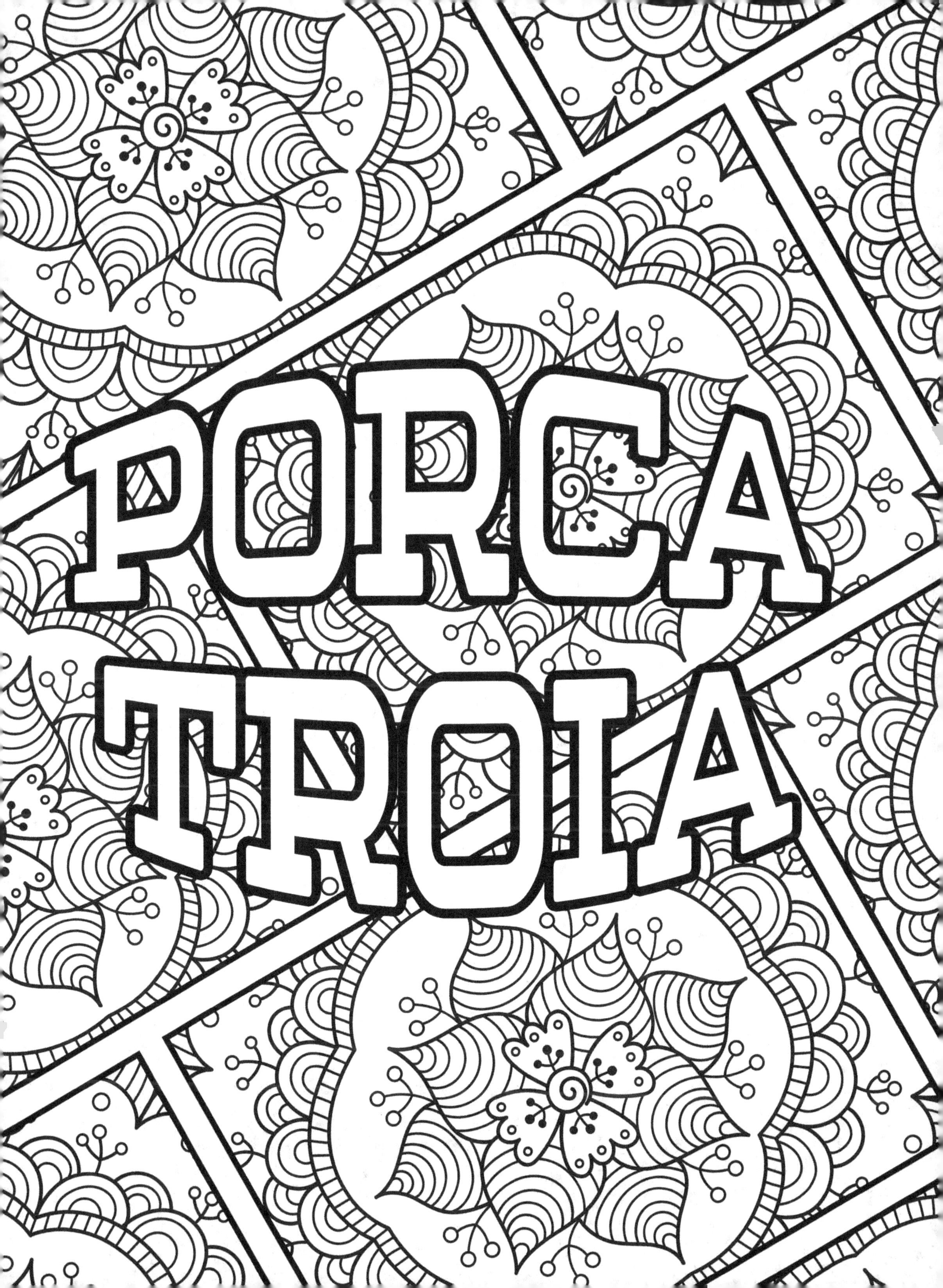
PORCA
TROIA

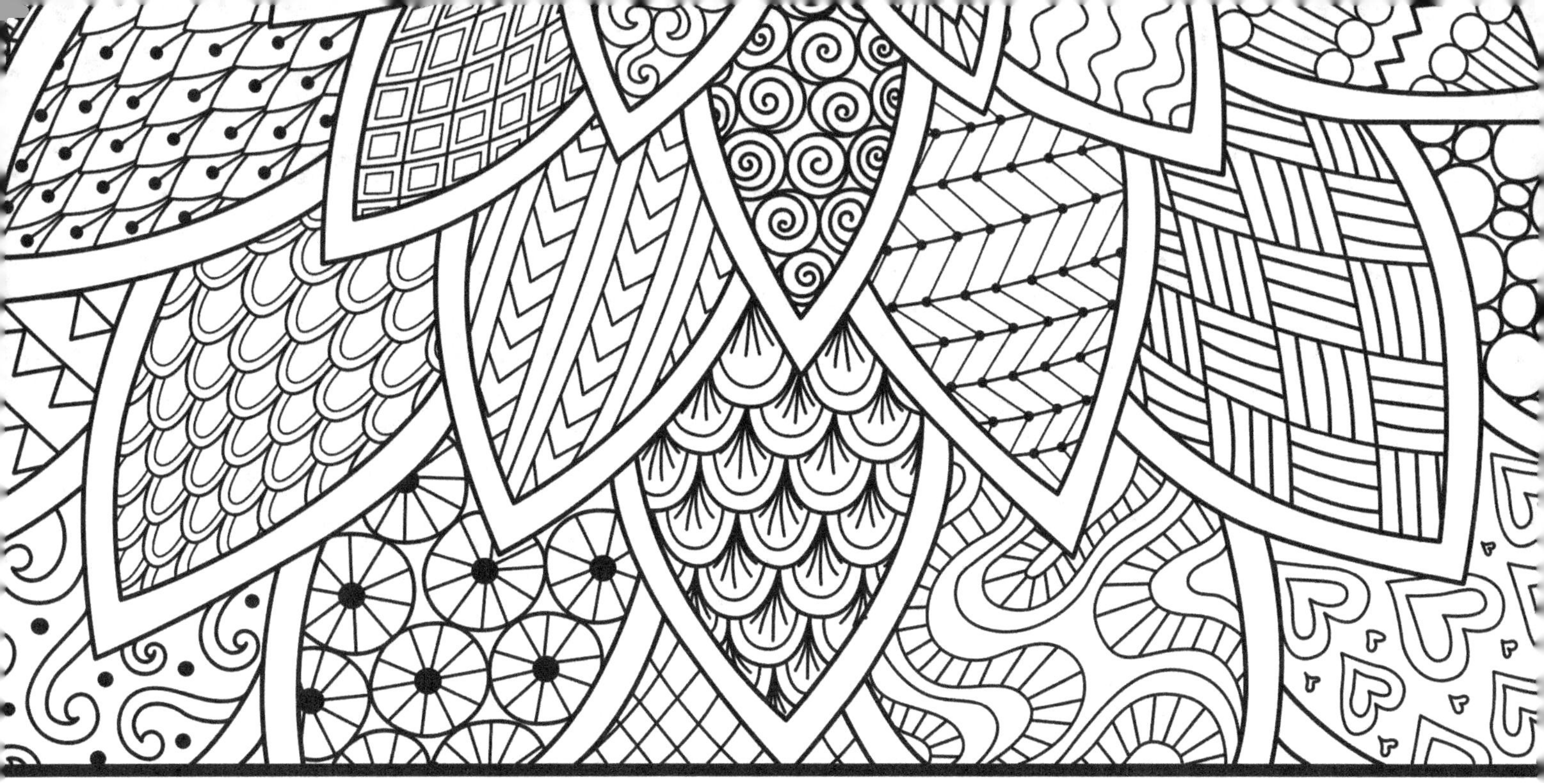

# SBORRA,
# SBURRÓ

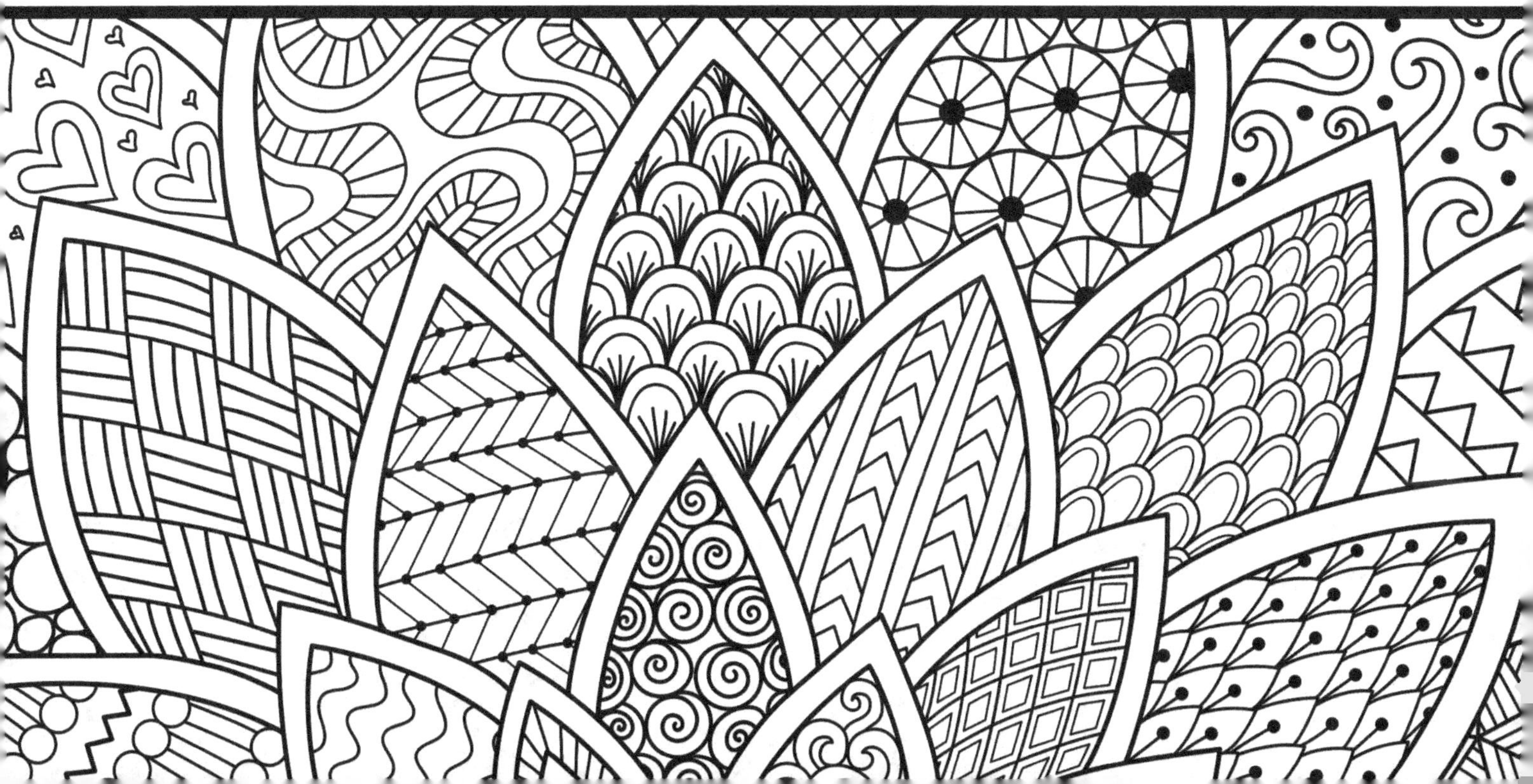

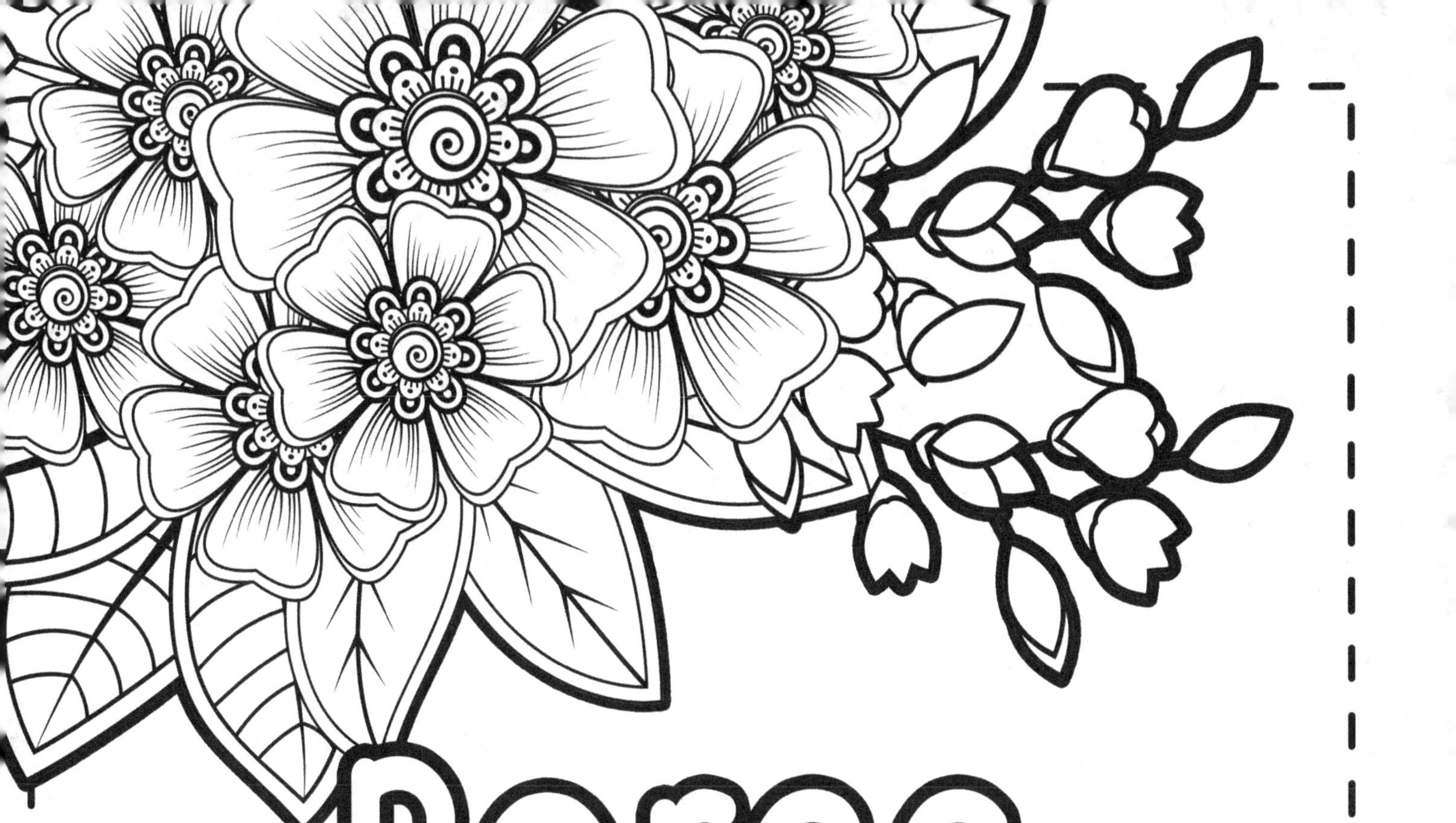

# Porca Madonna

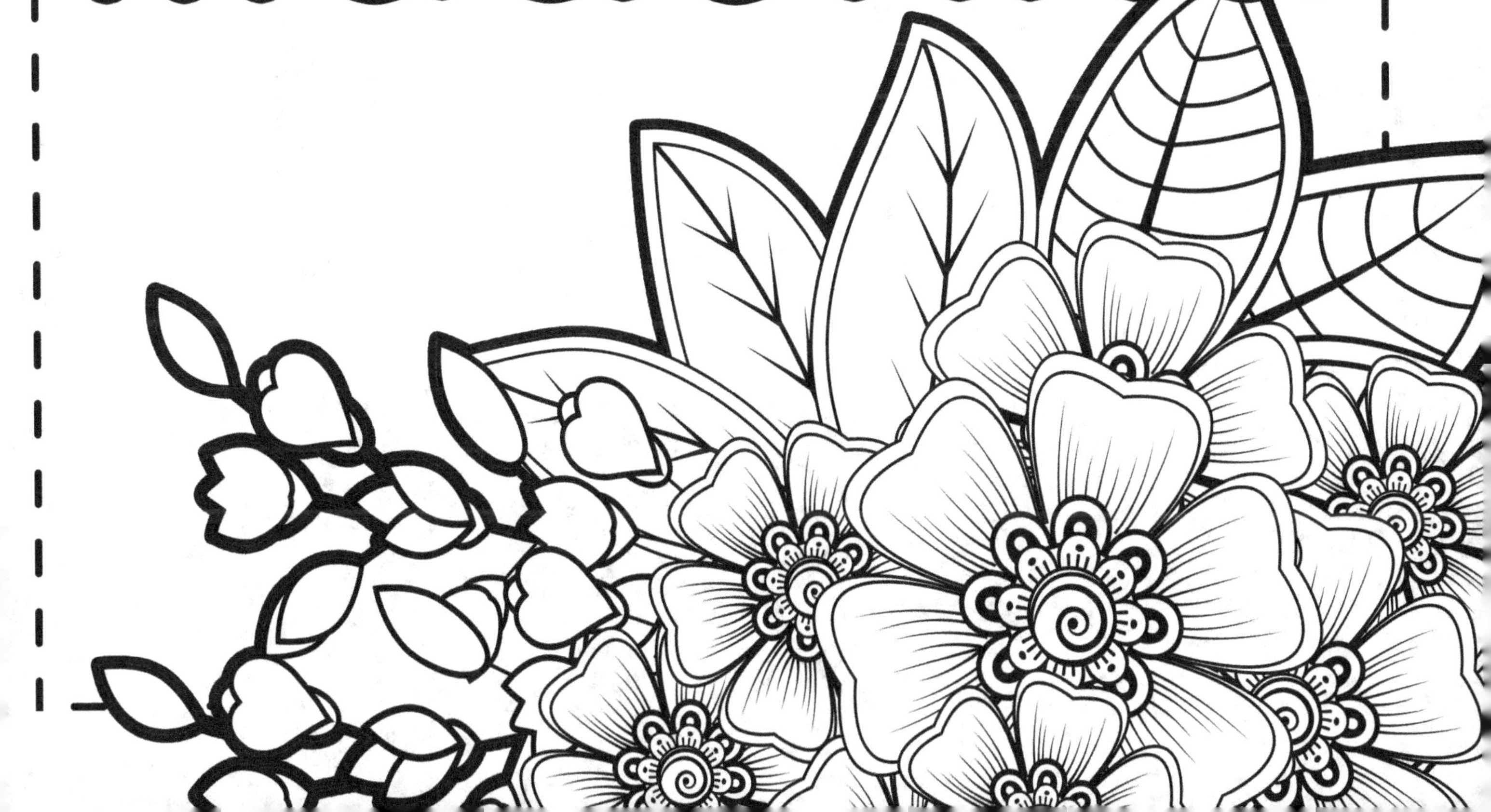

# ROTTINCULO

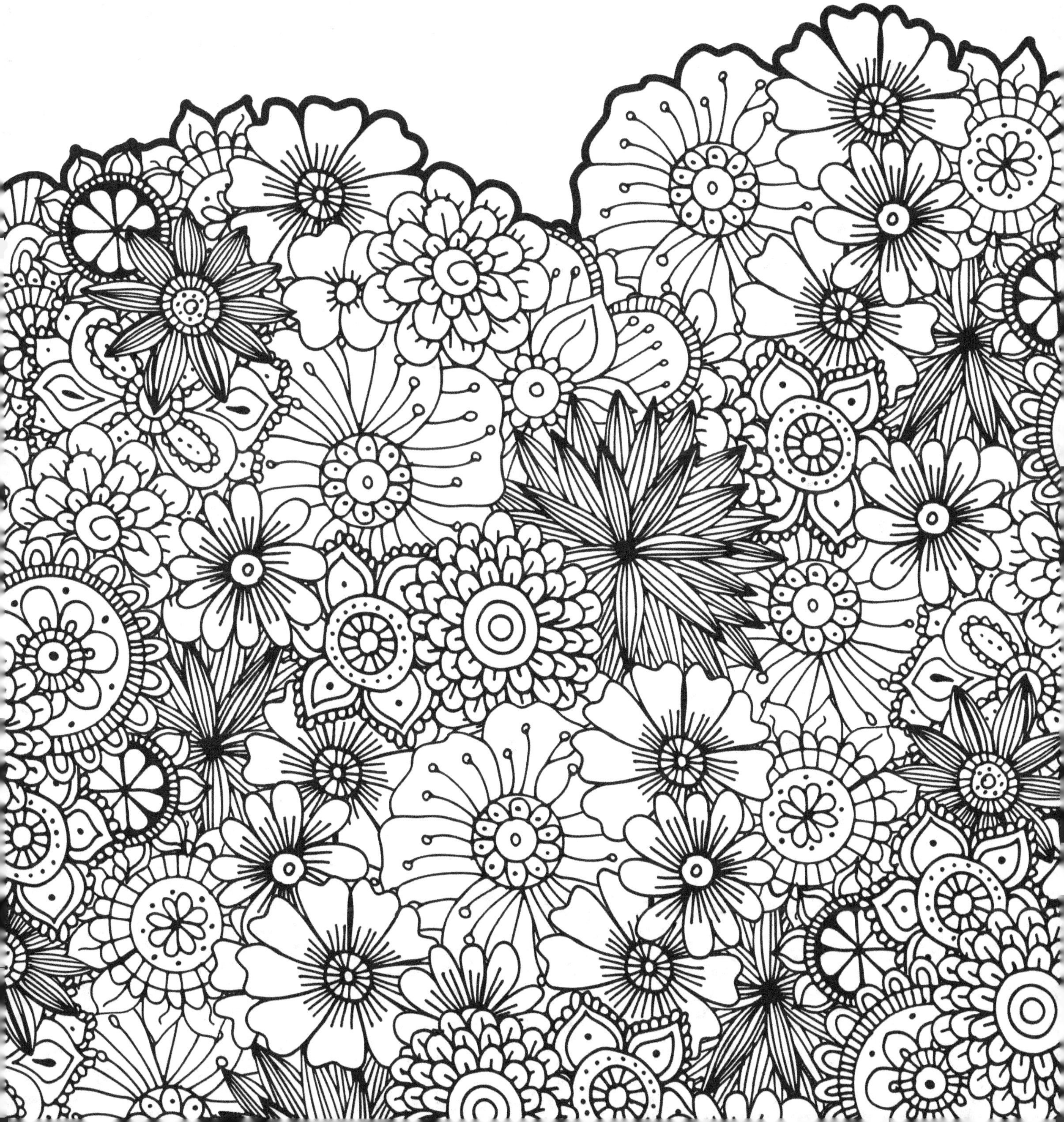

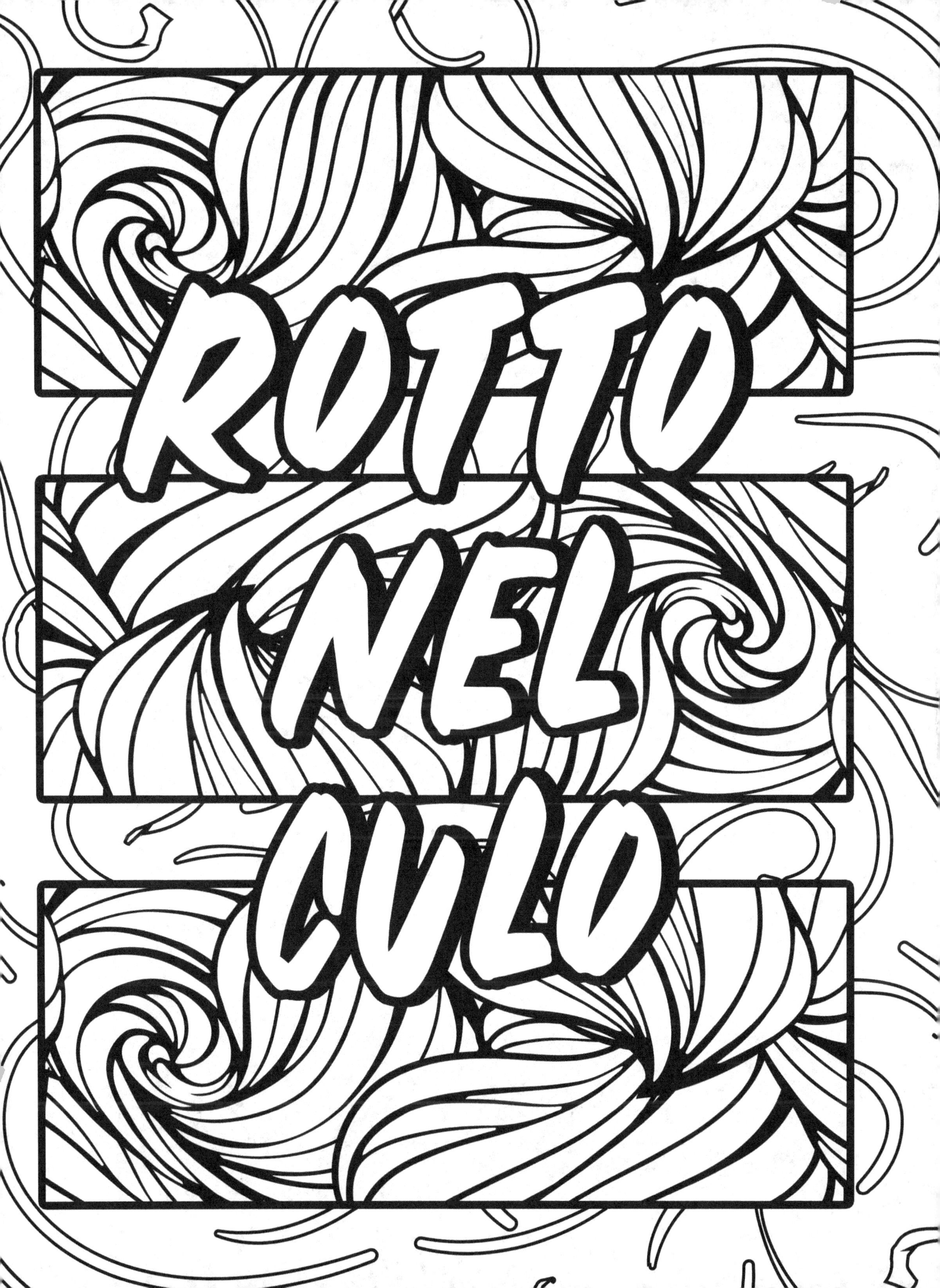
ROTTO
NEL
CULO

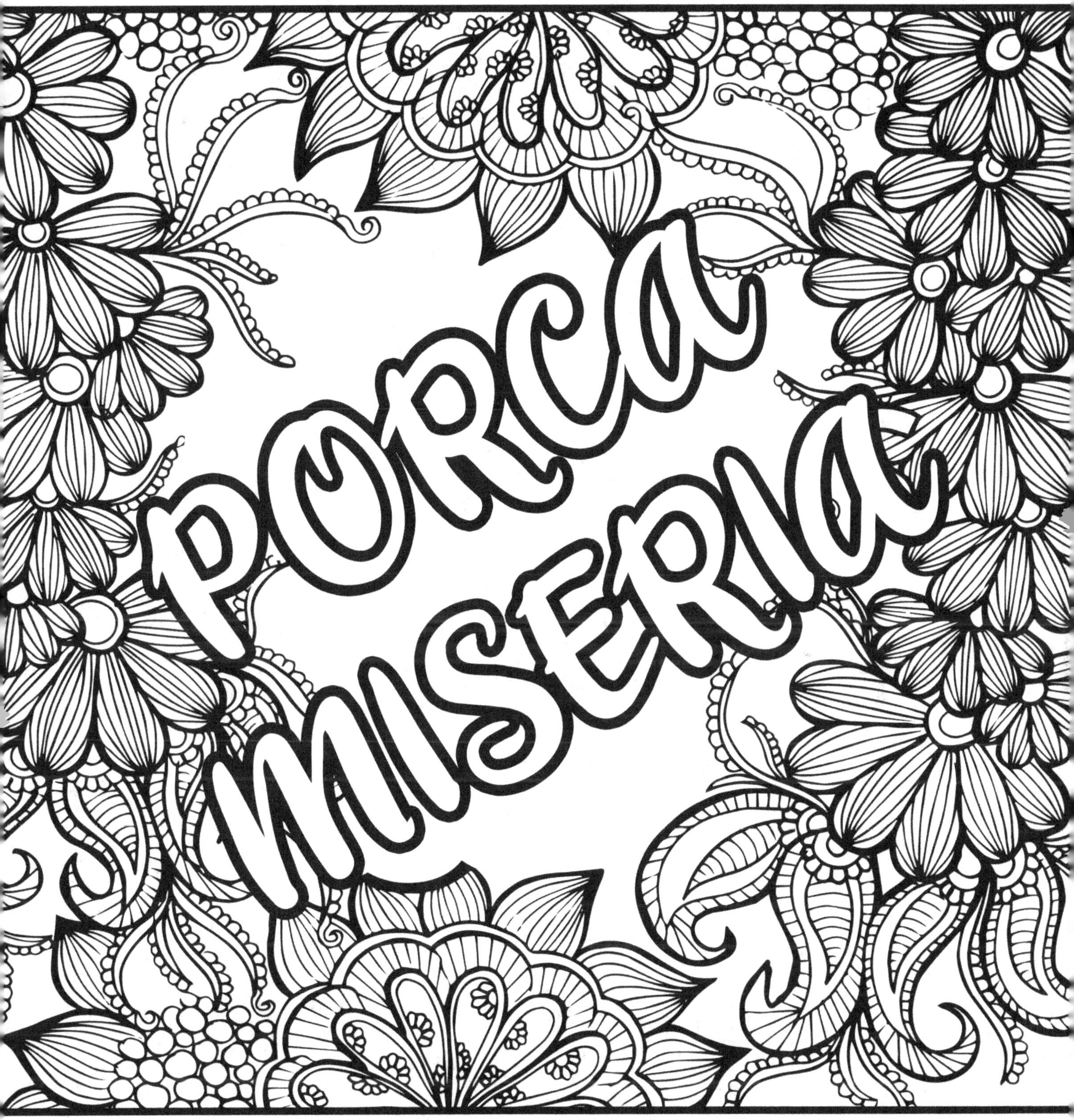
PORCA
MISERIA

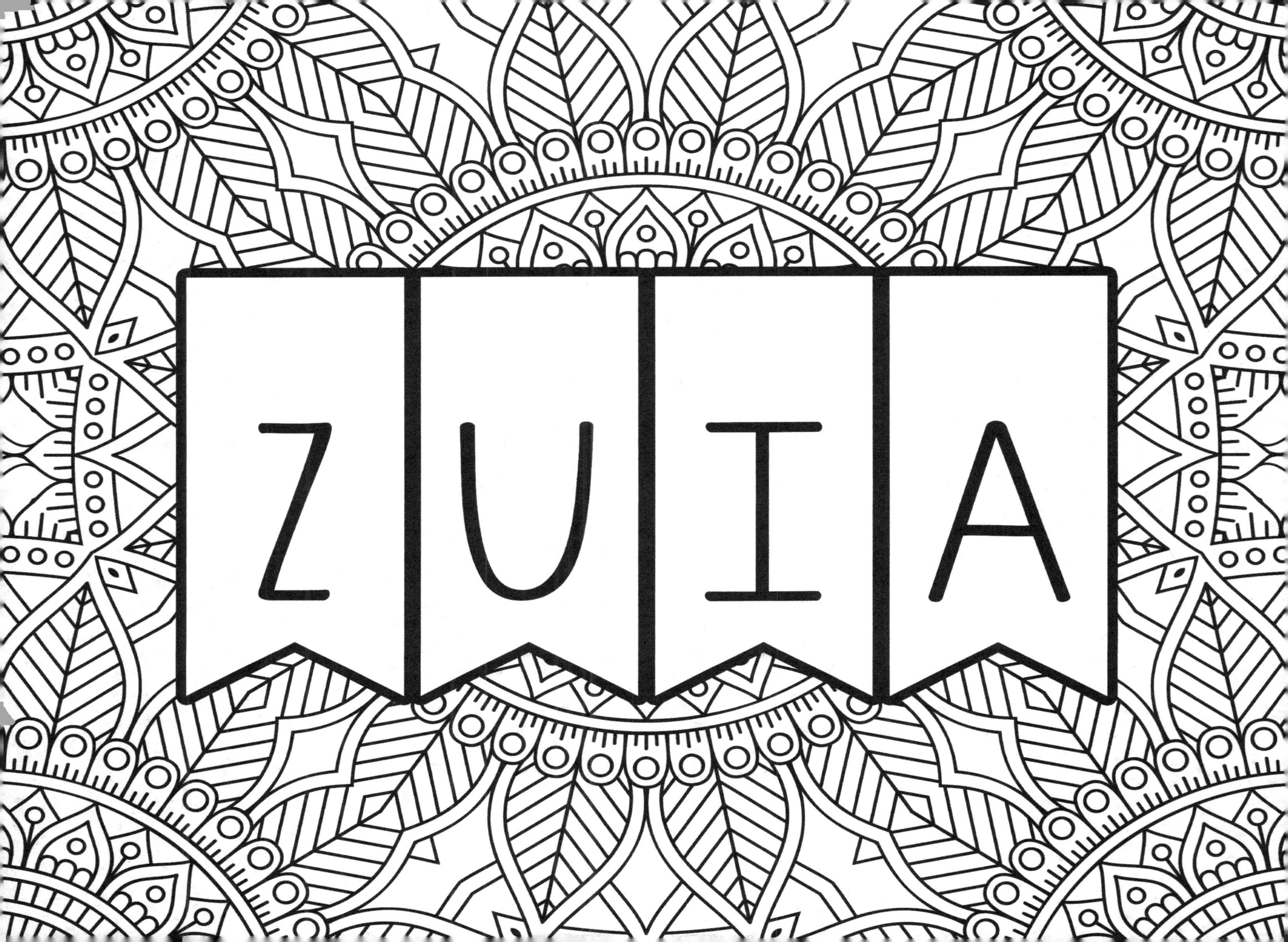
ZUIA

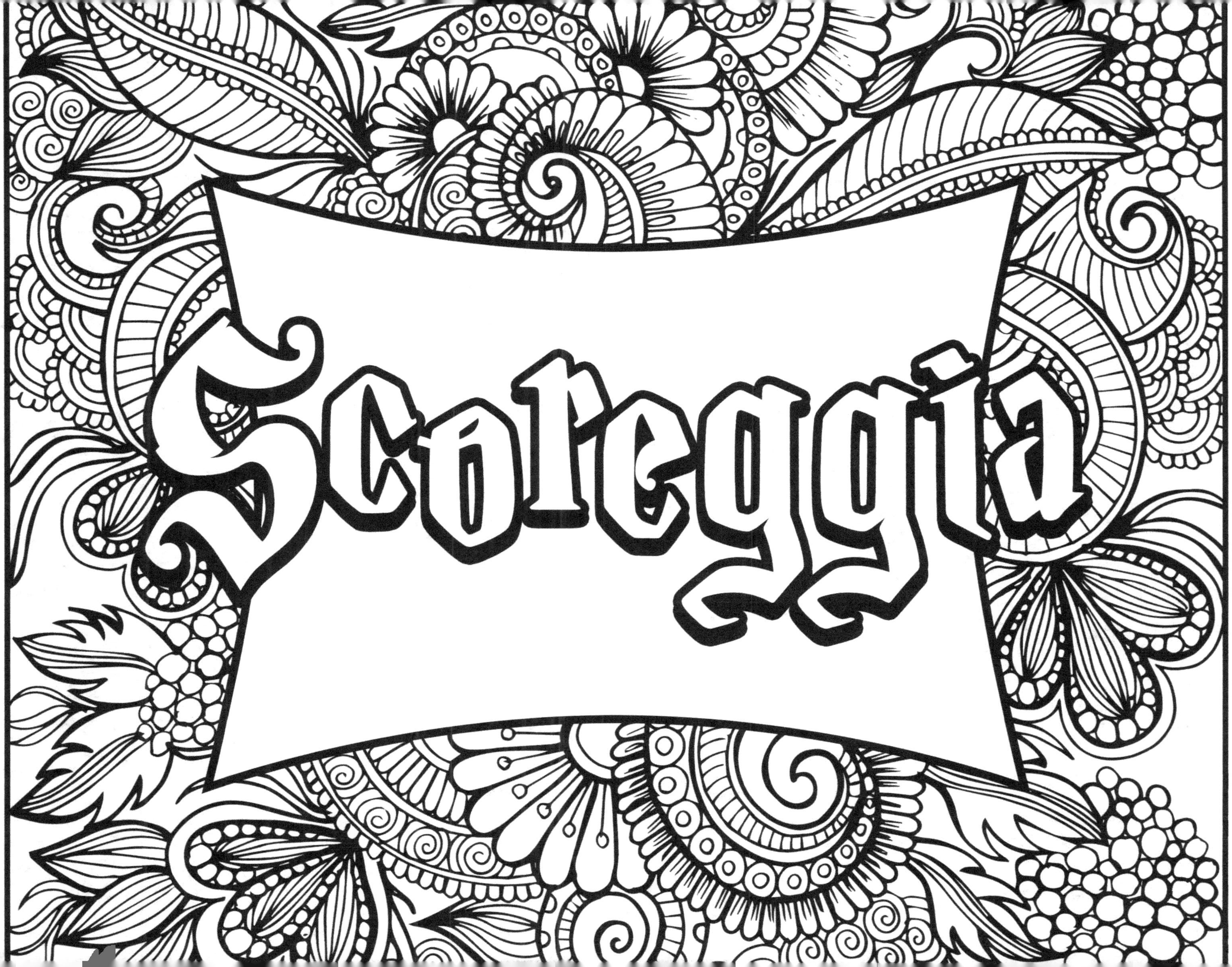
Scoreggia

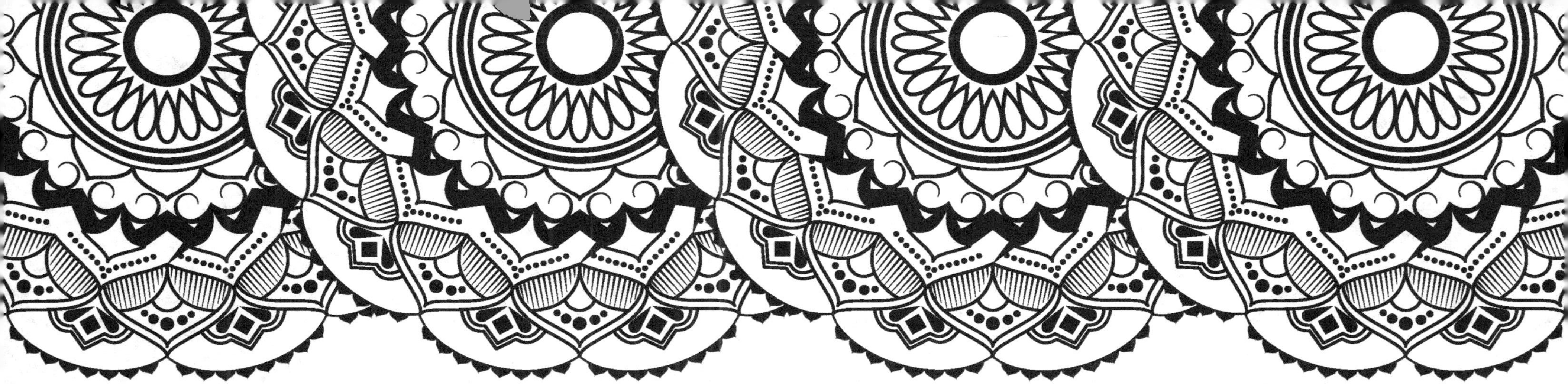

# SPUTTANARE

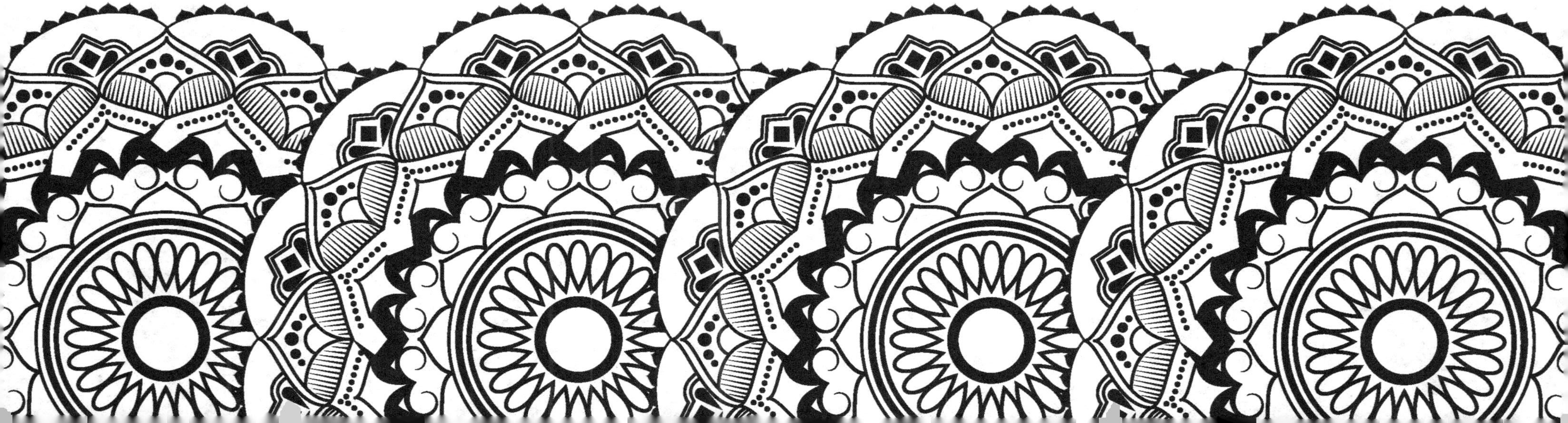

# UN POMPINO

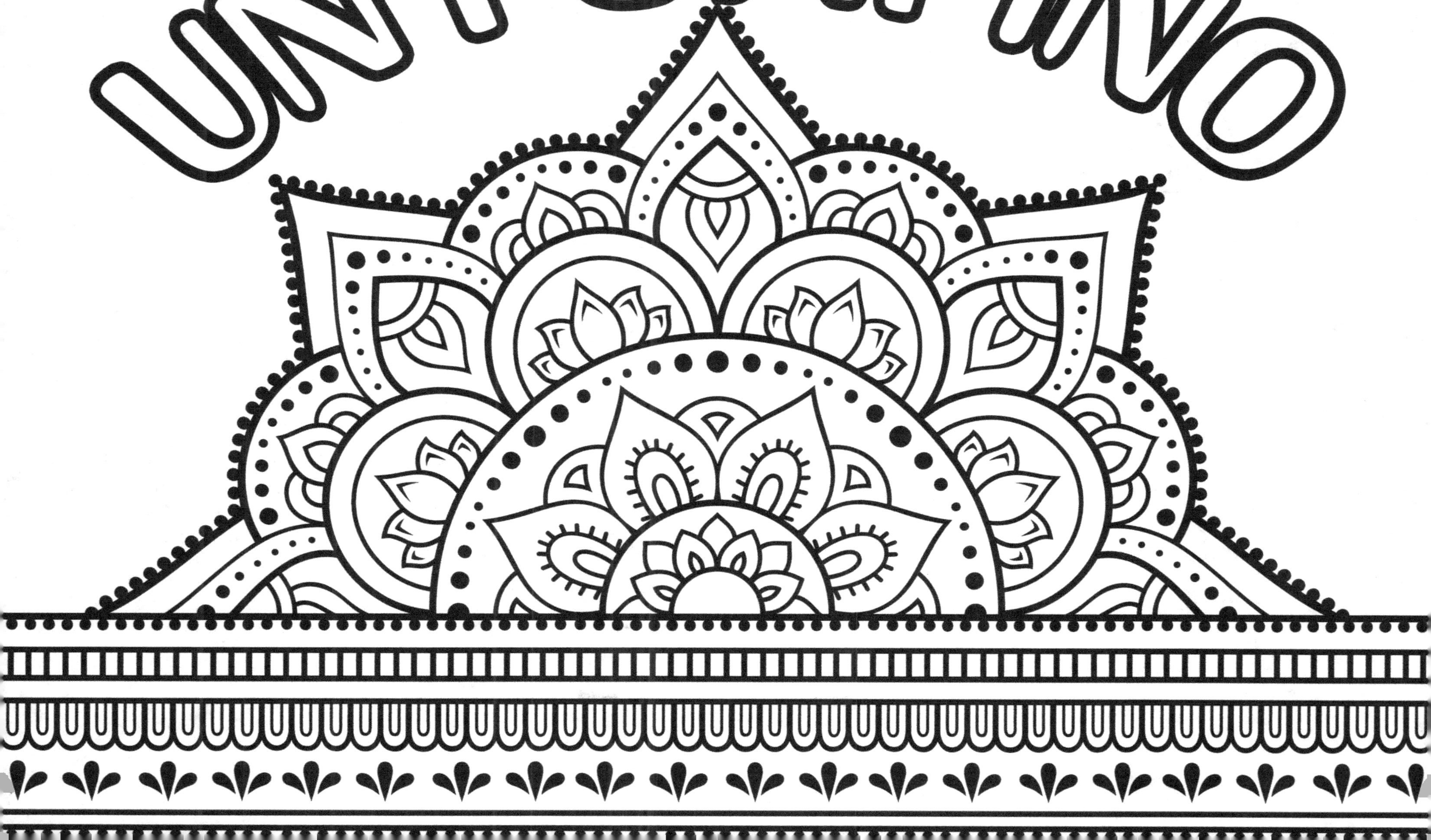

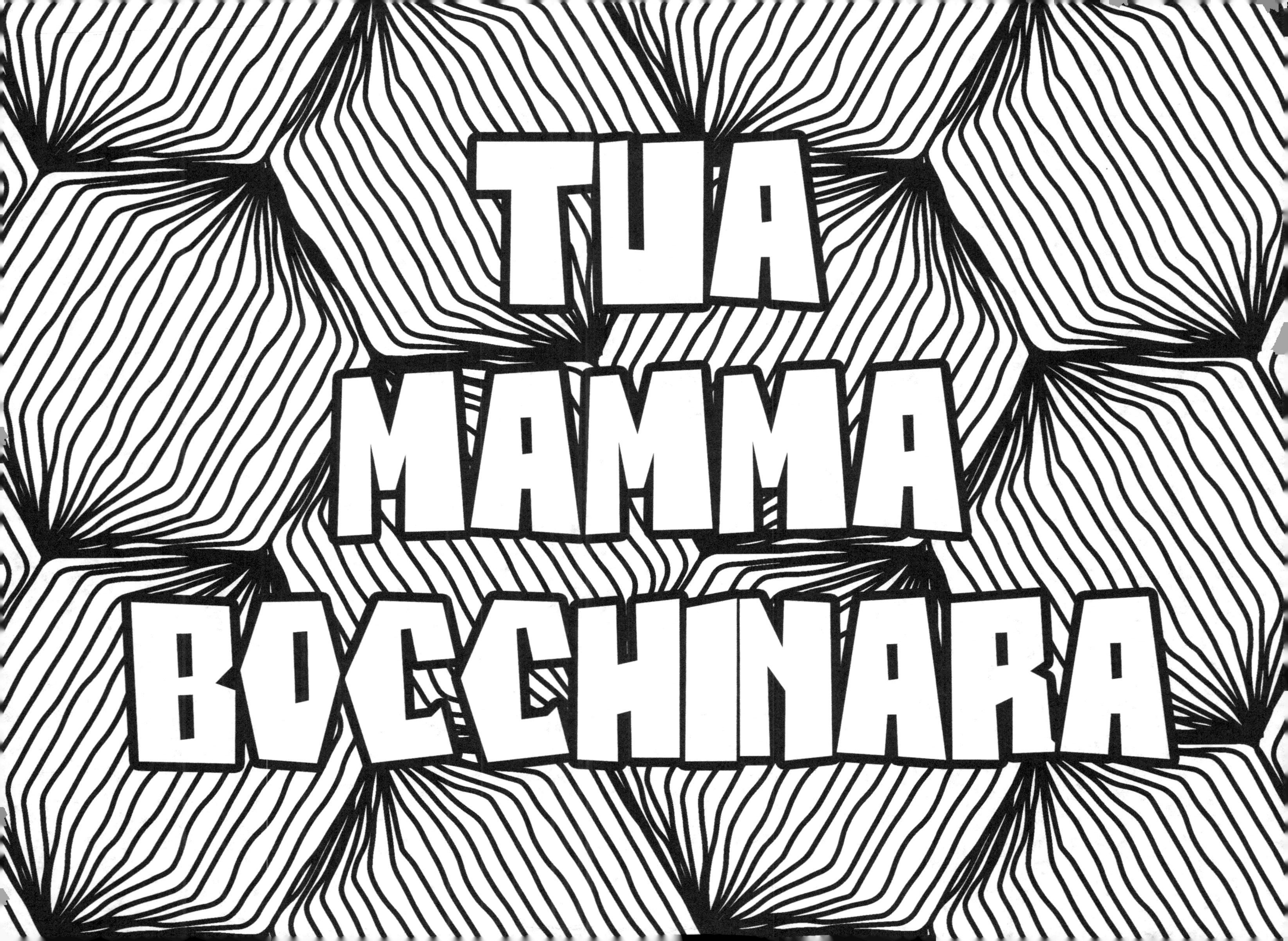
TUA
MAMMA
BOCCHINARA

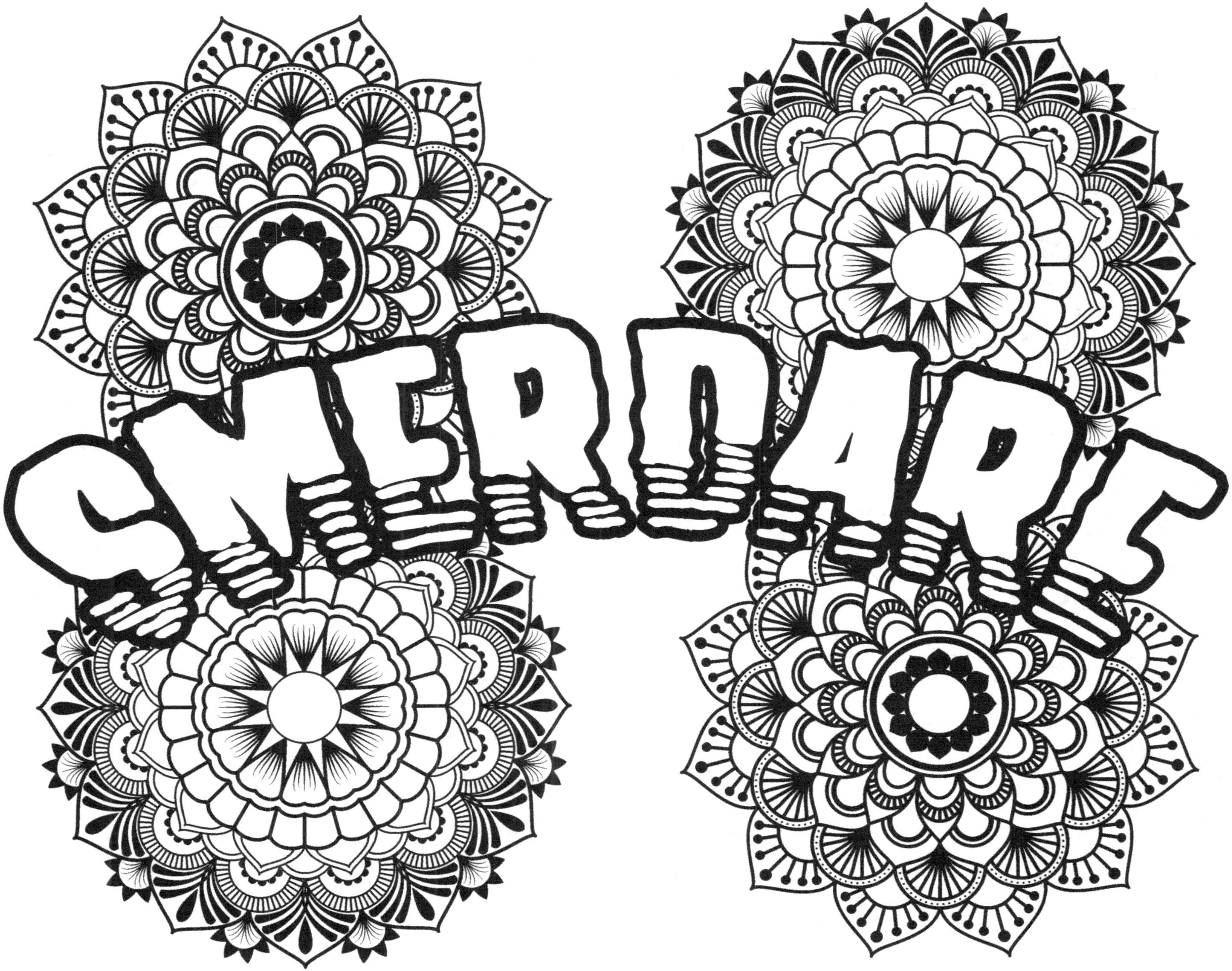

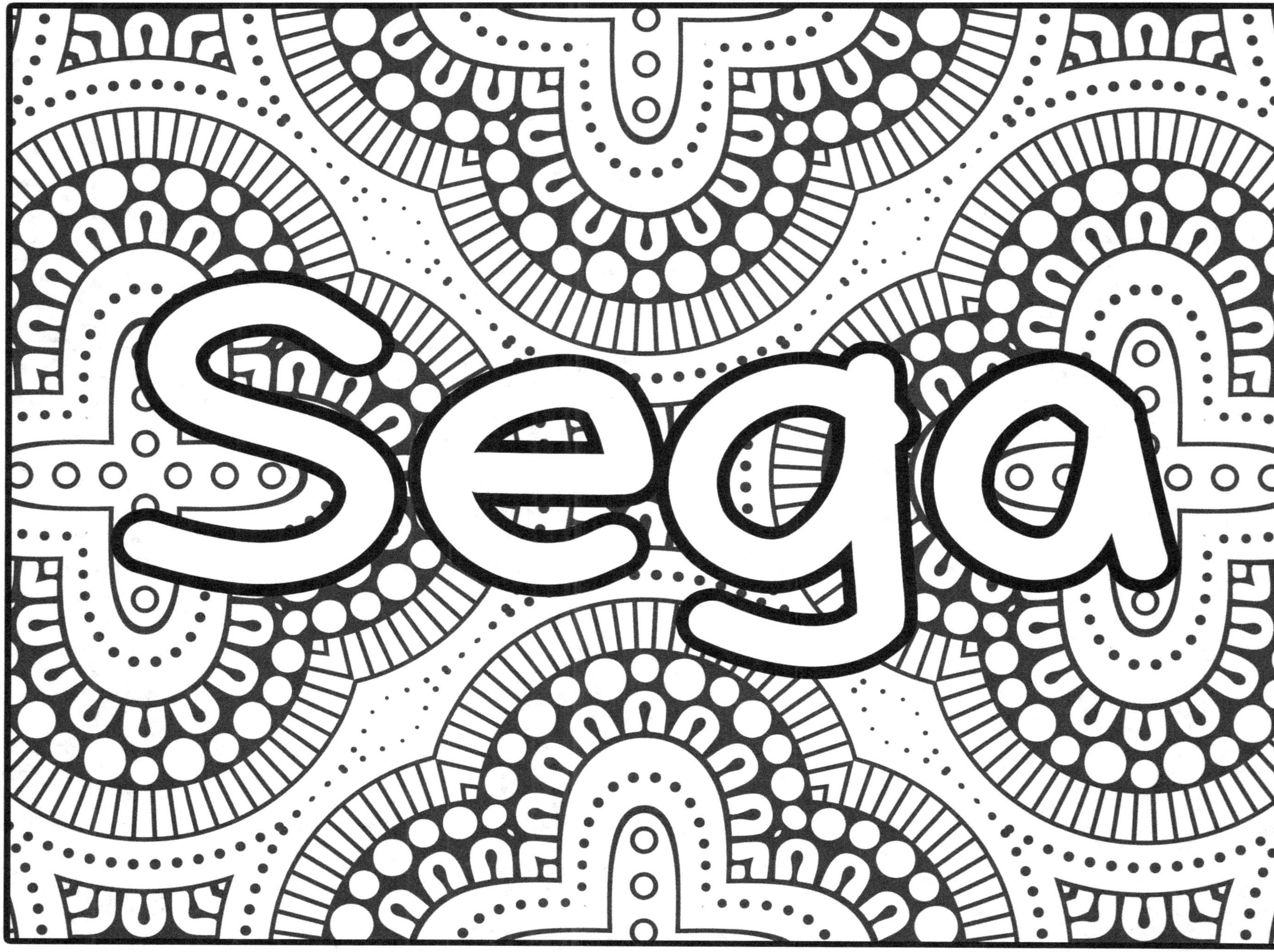
Sega

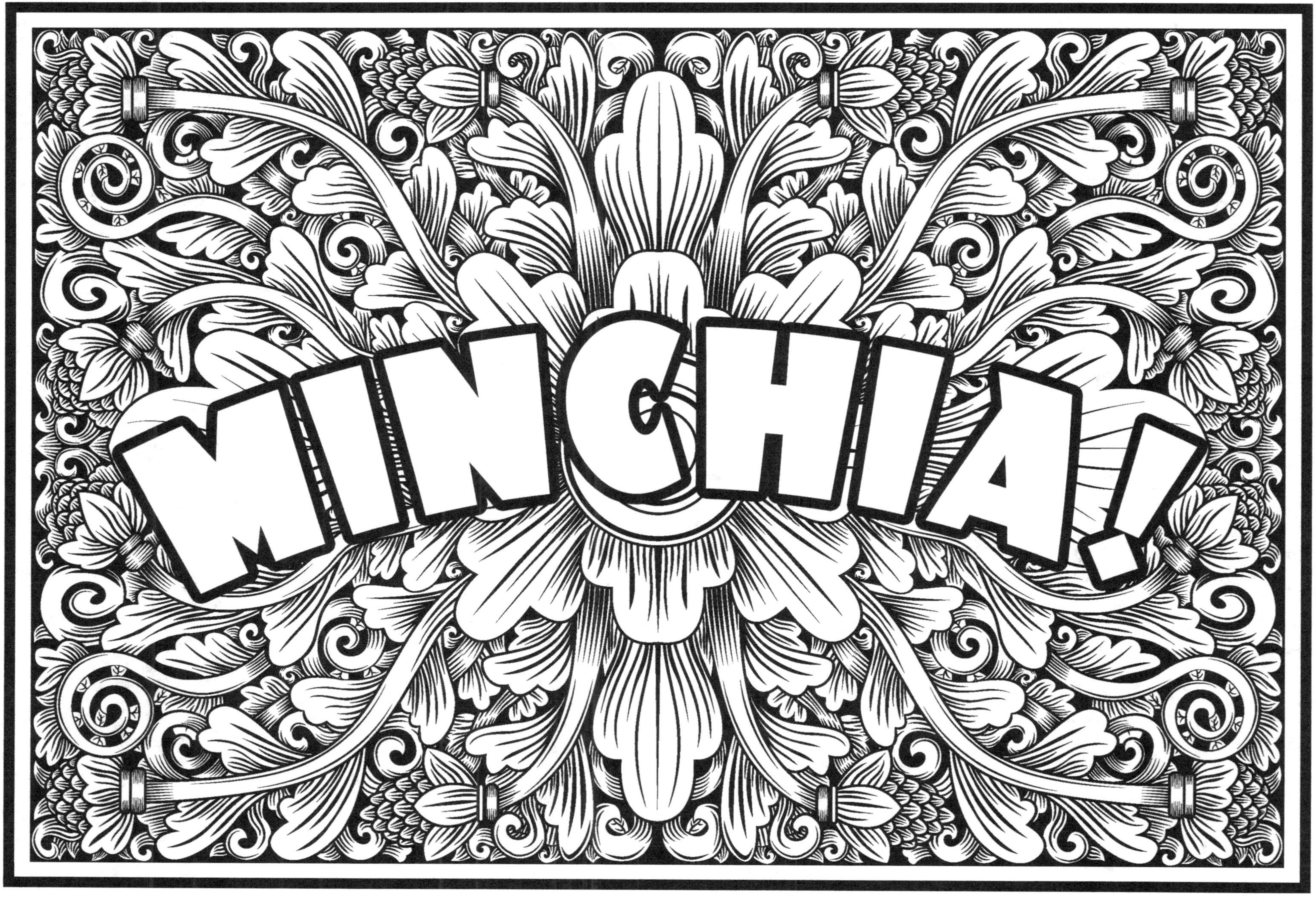
MINCHIA!!

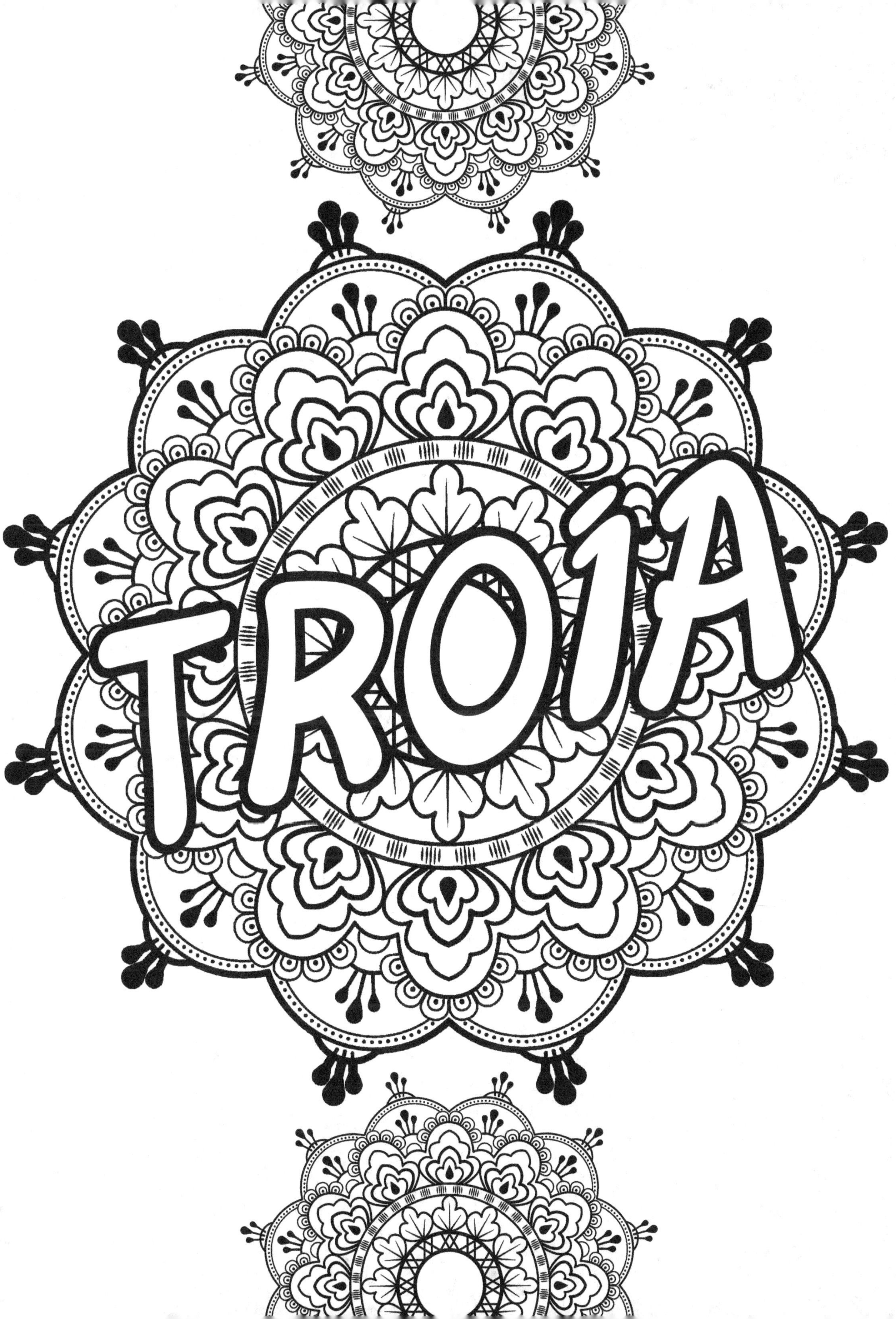
TROIA

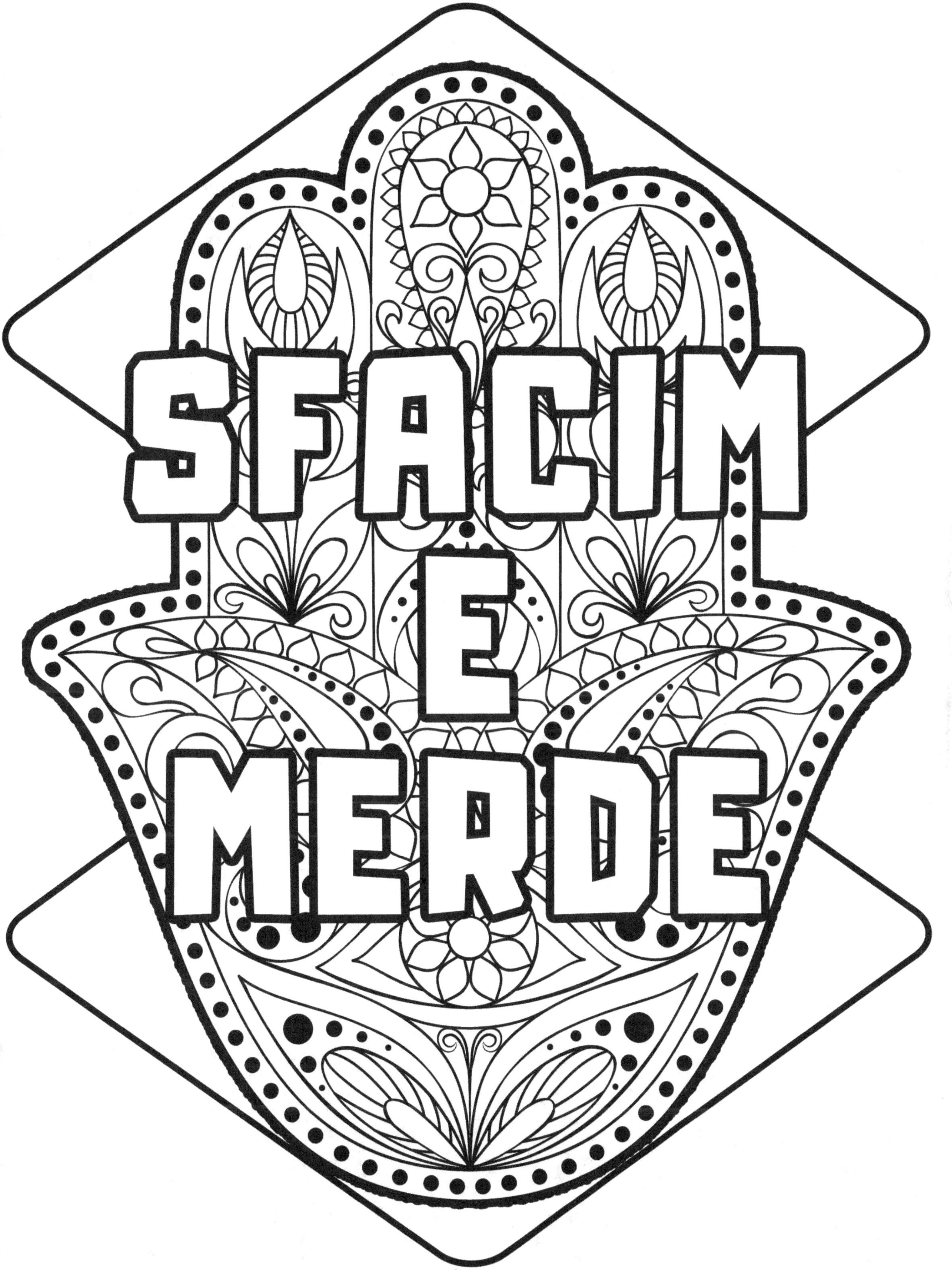
SFACIM
E
MERDE

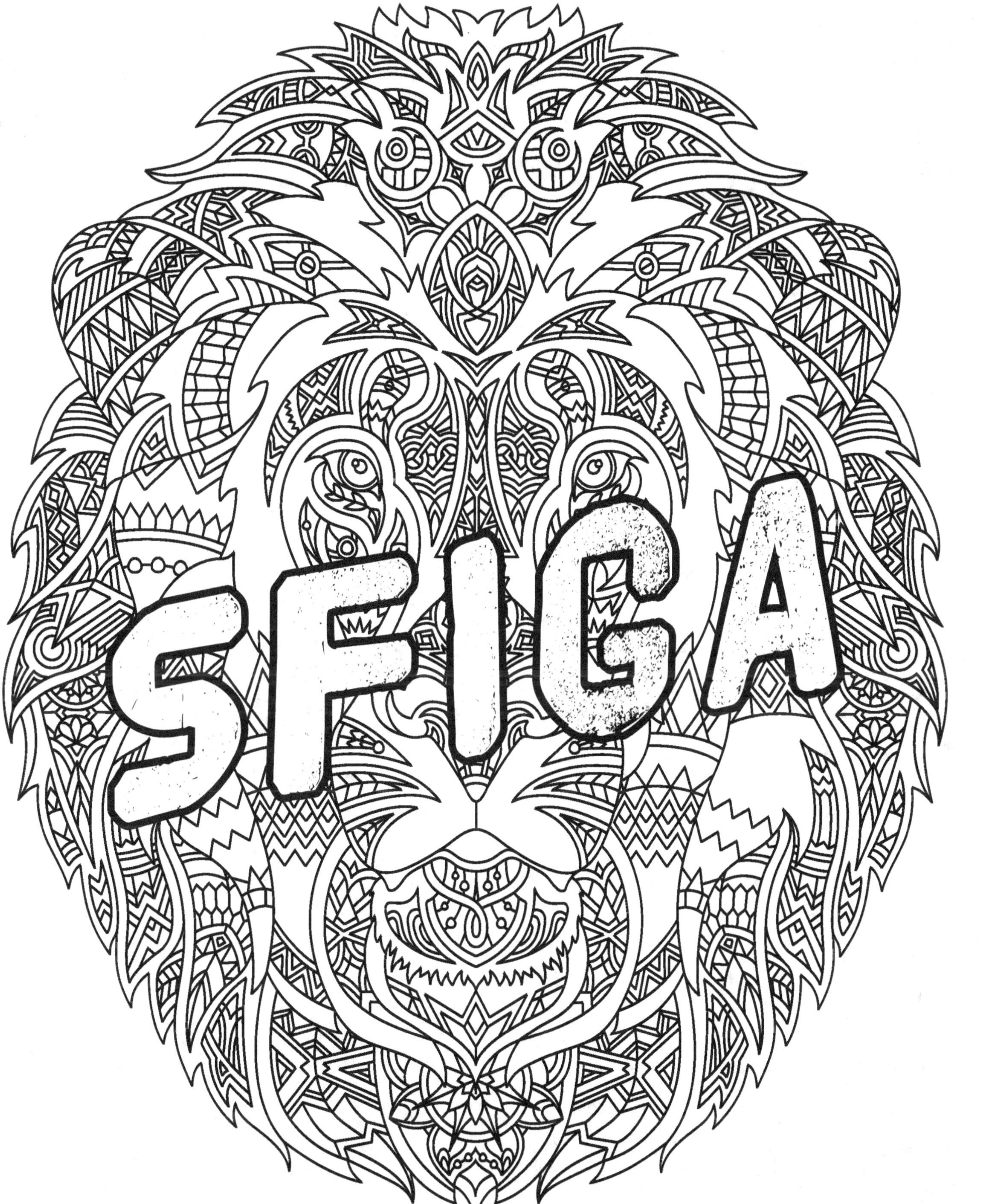
SFIGA

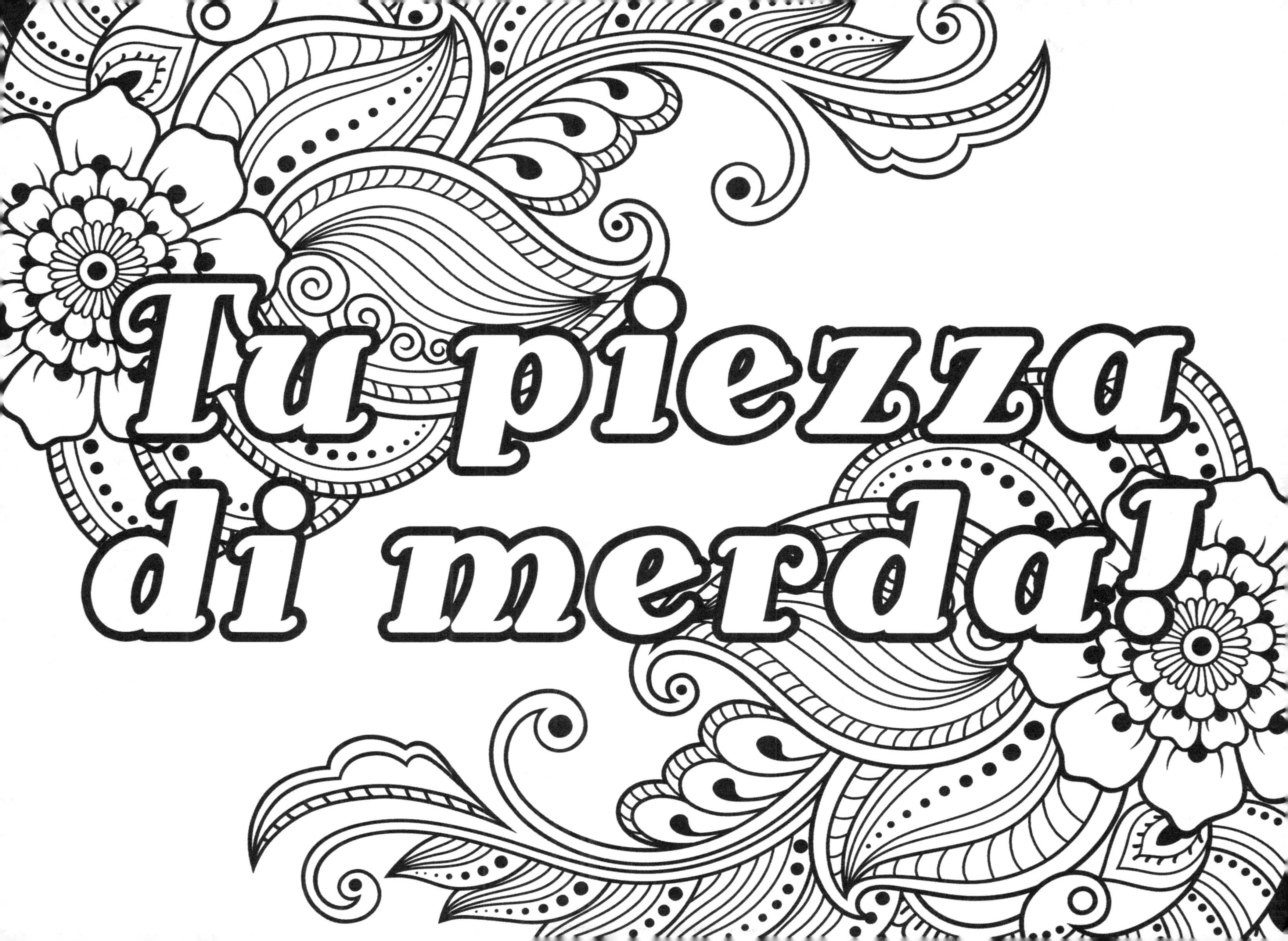
Tu piezza
di merda!

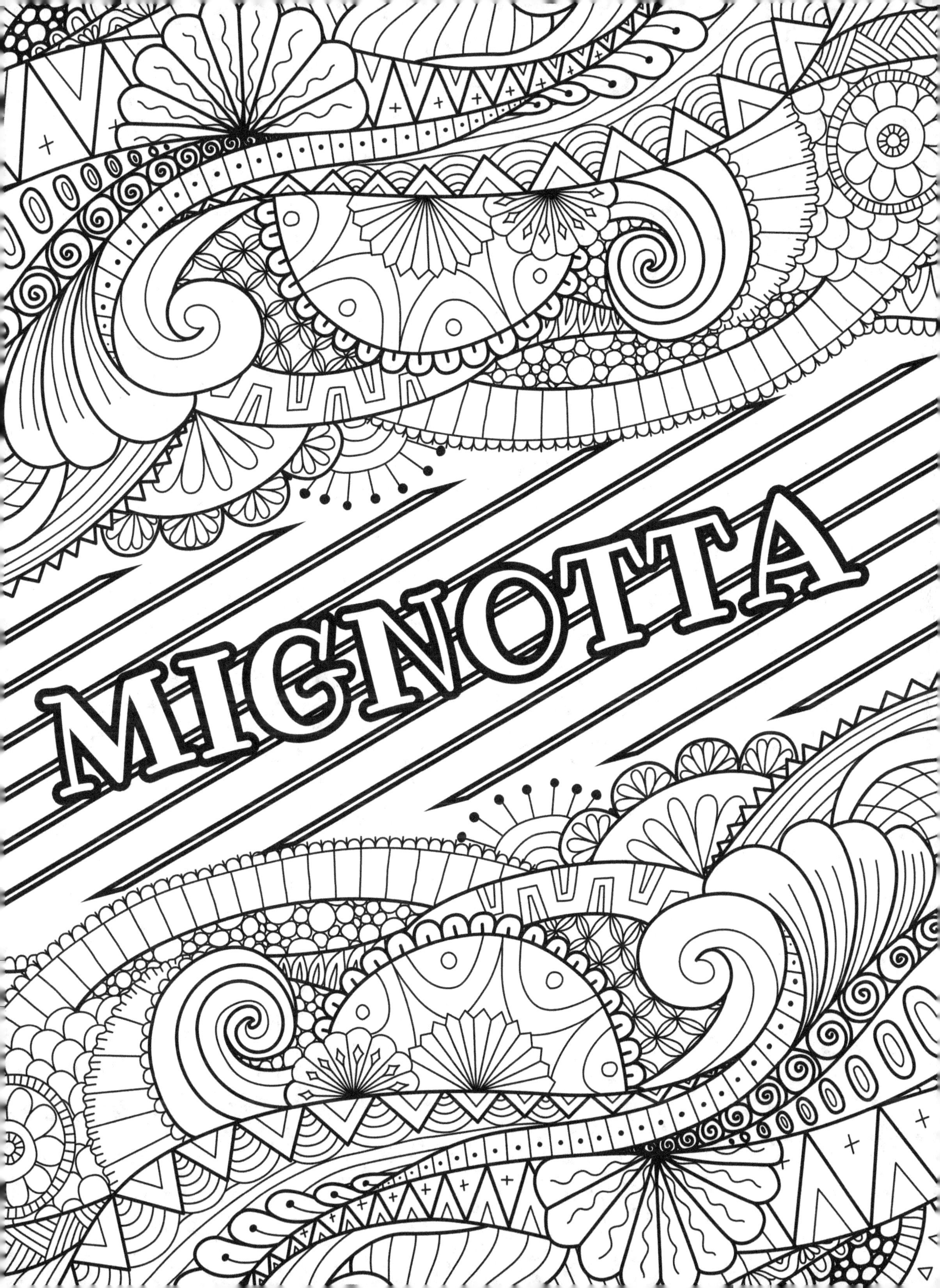
MIGNOTTA

# Pezzo

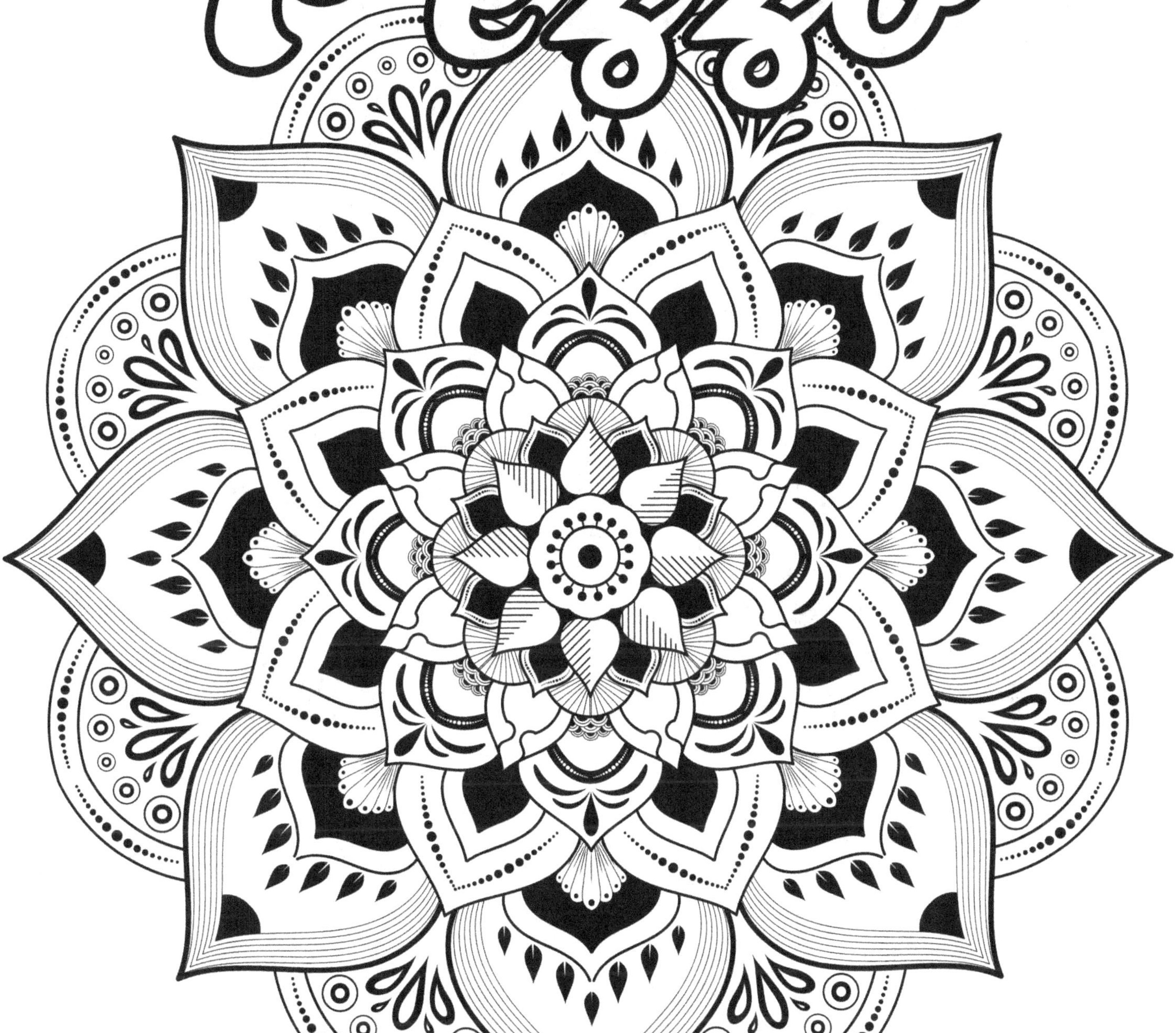

# di merda

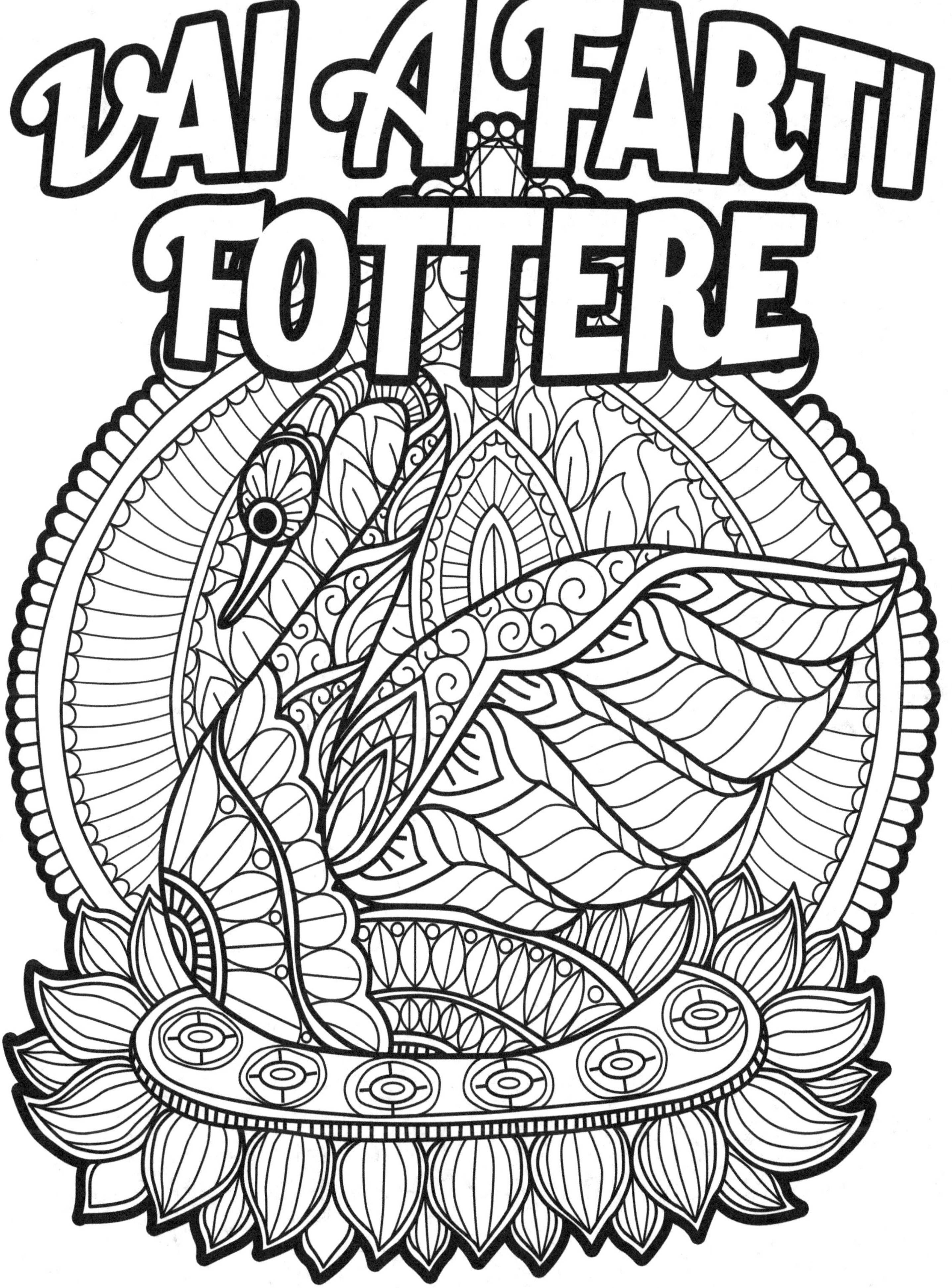
VAI A FARTI
FOTTERE

# SEMBRI

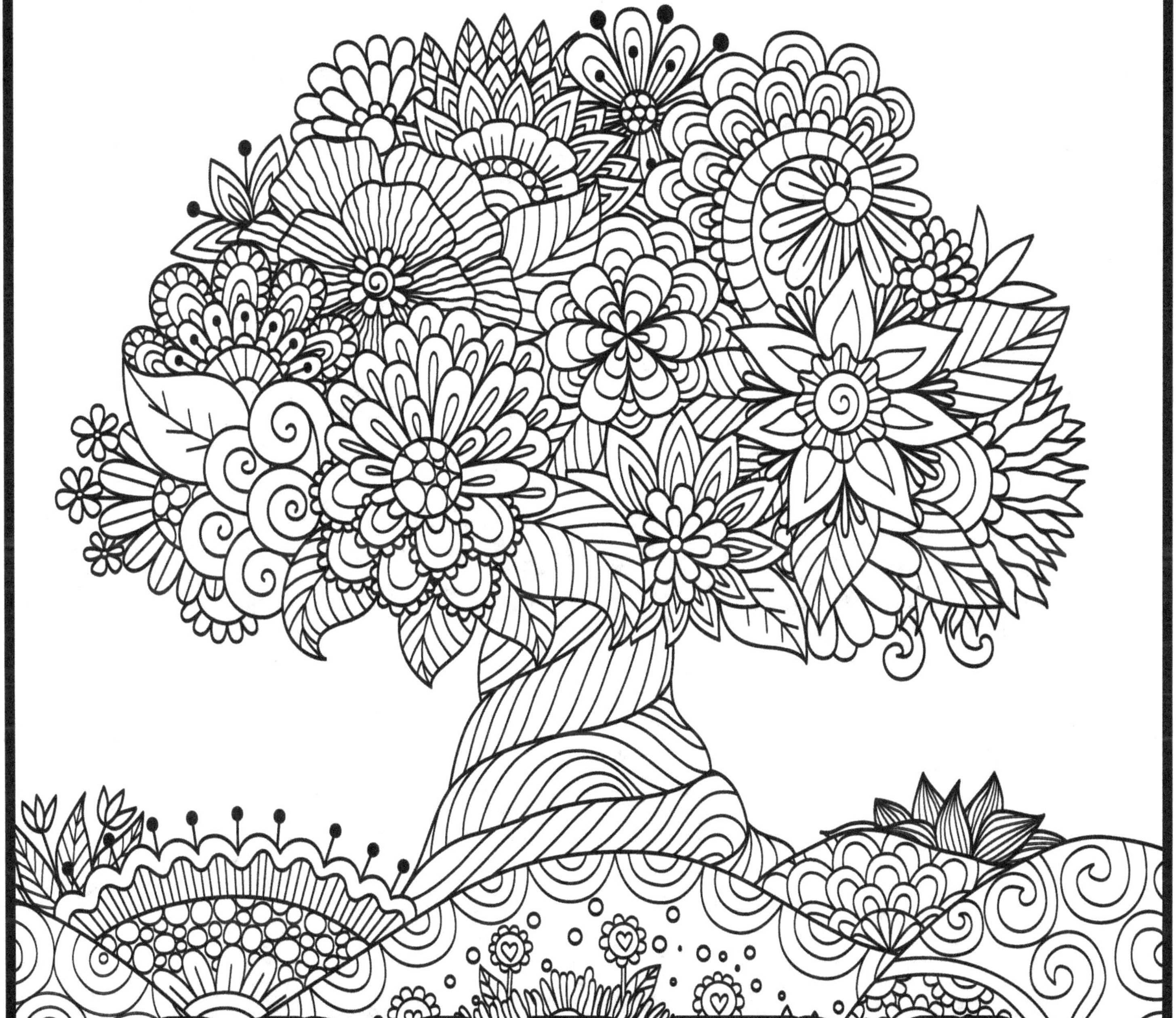

# UN PENI

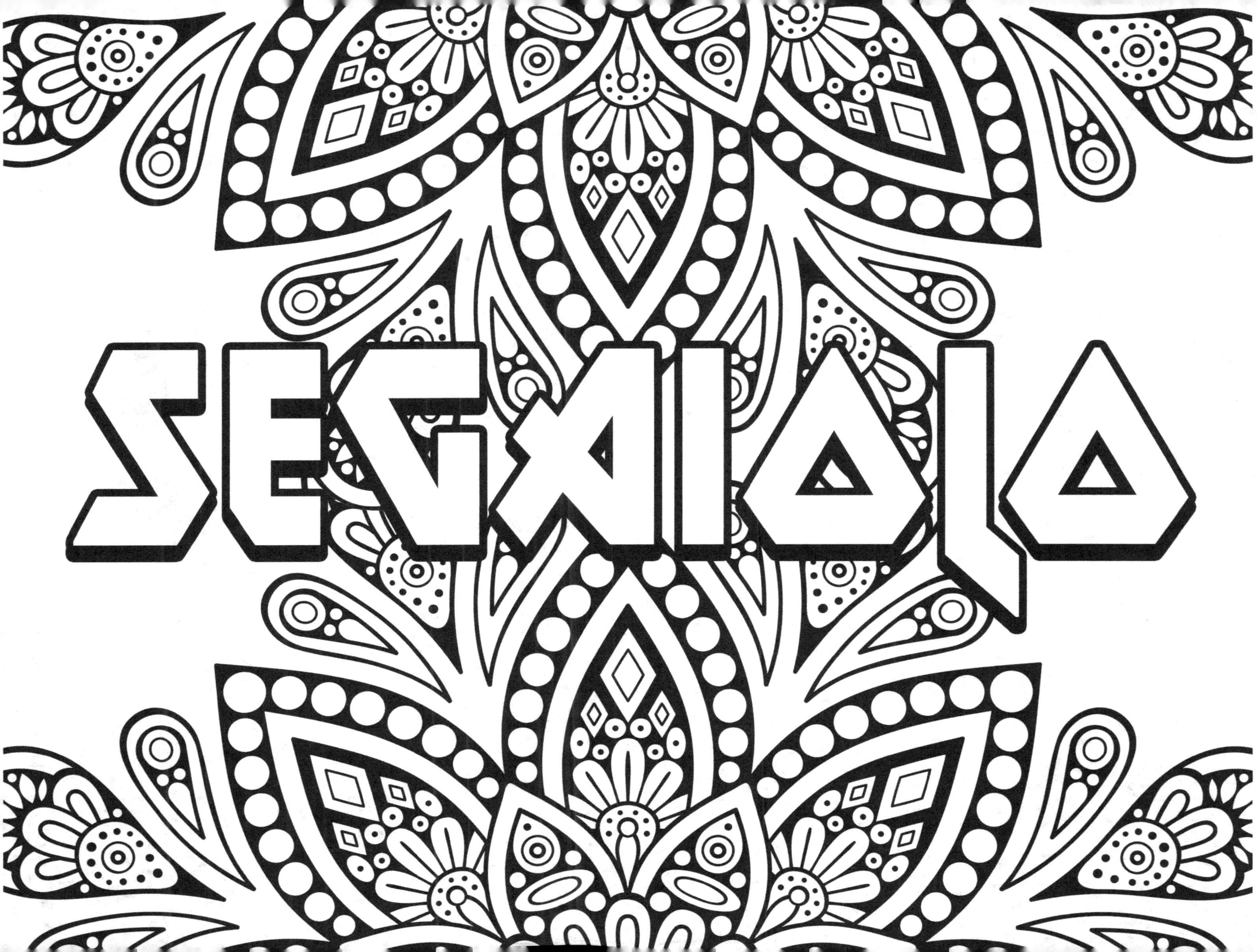
SEGAIOLO

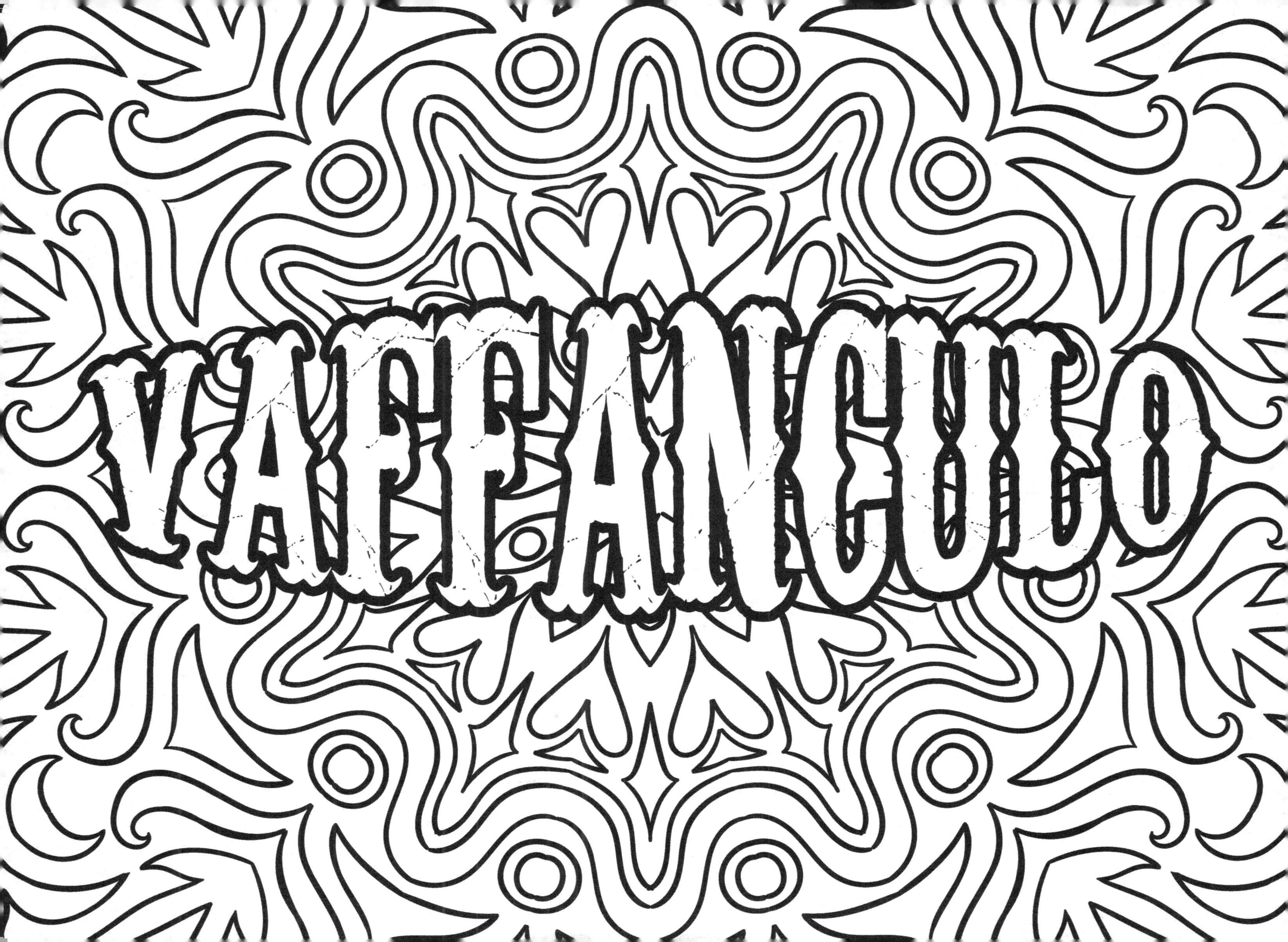
VAFFANCULO

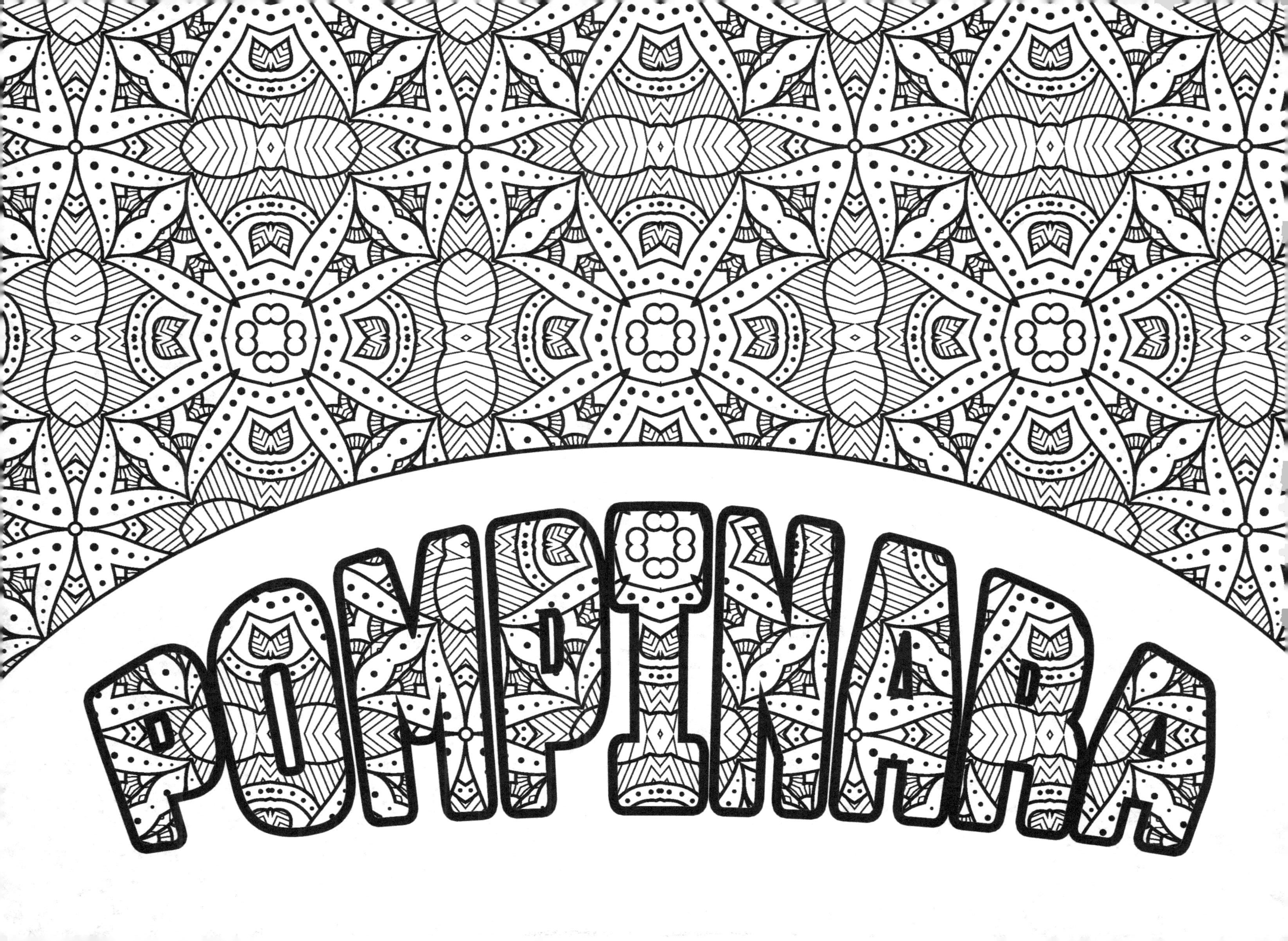
POMPINARA

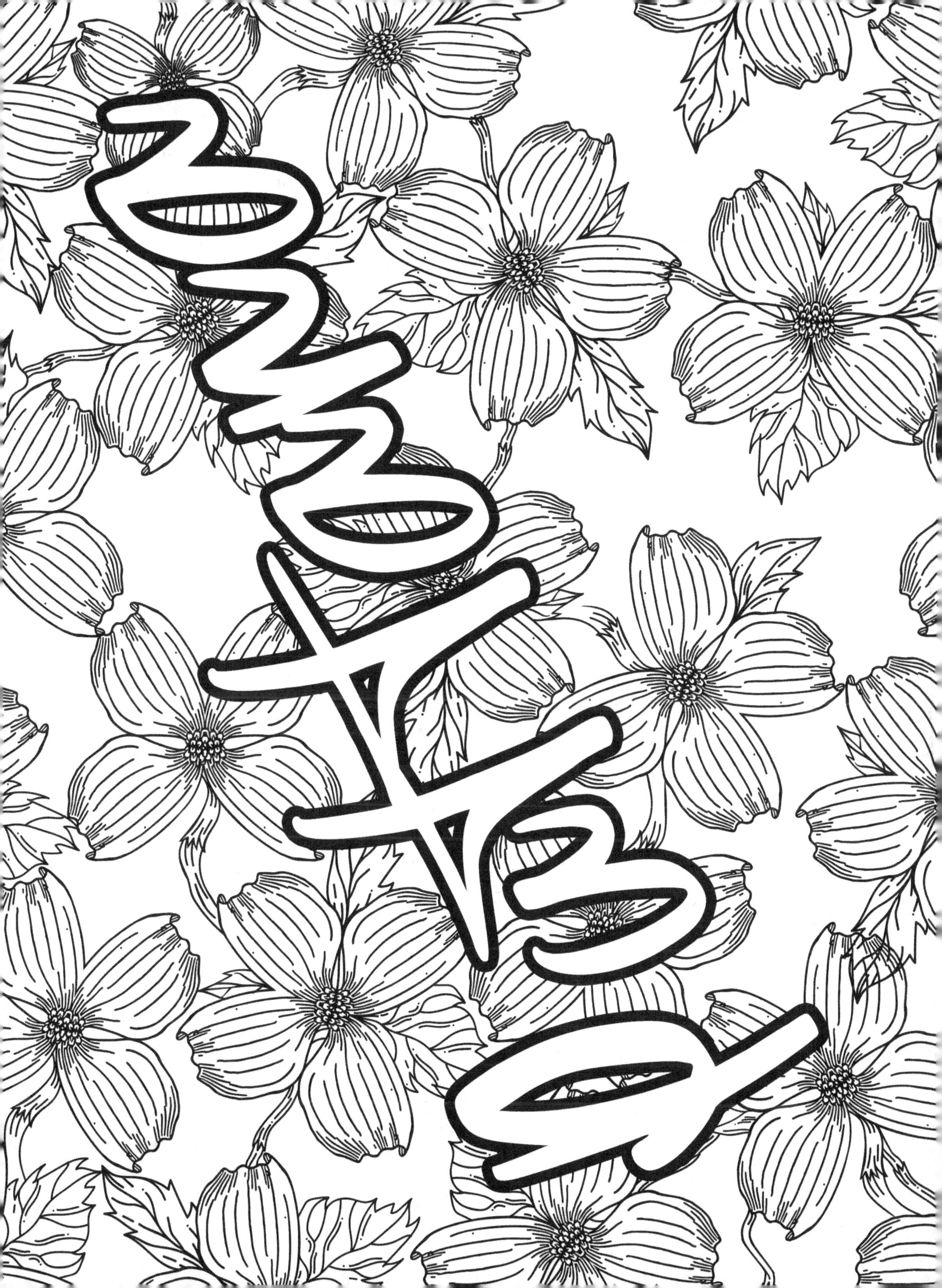
puttana

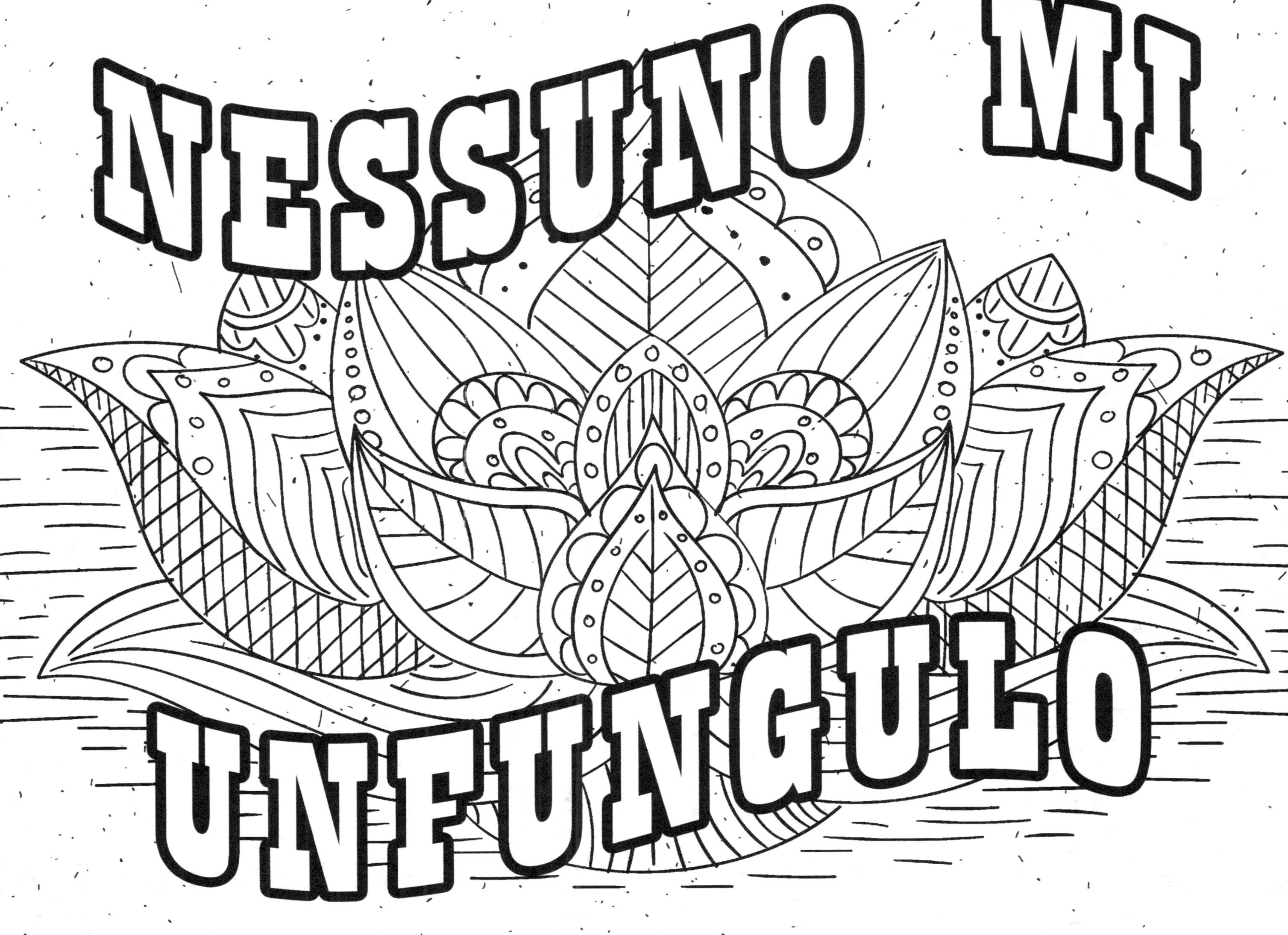
NESSUNO MI
UNFUNGULO

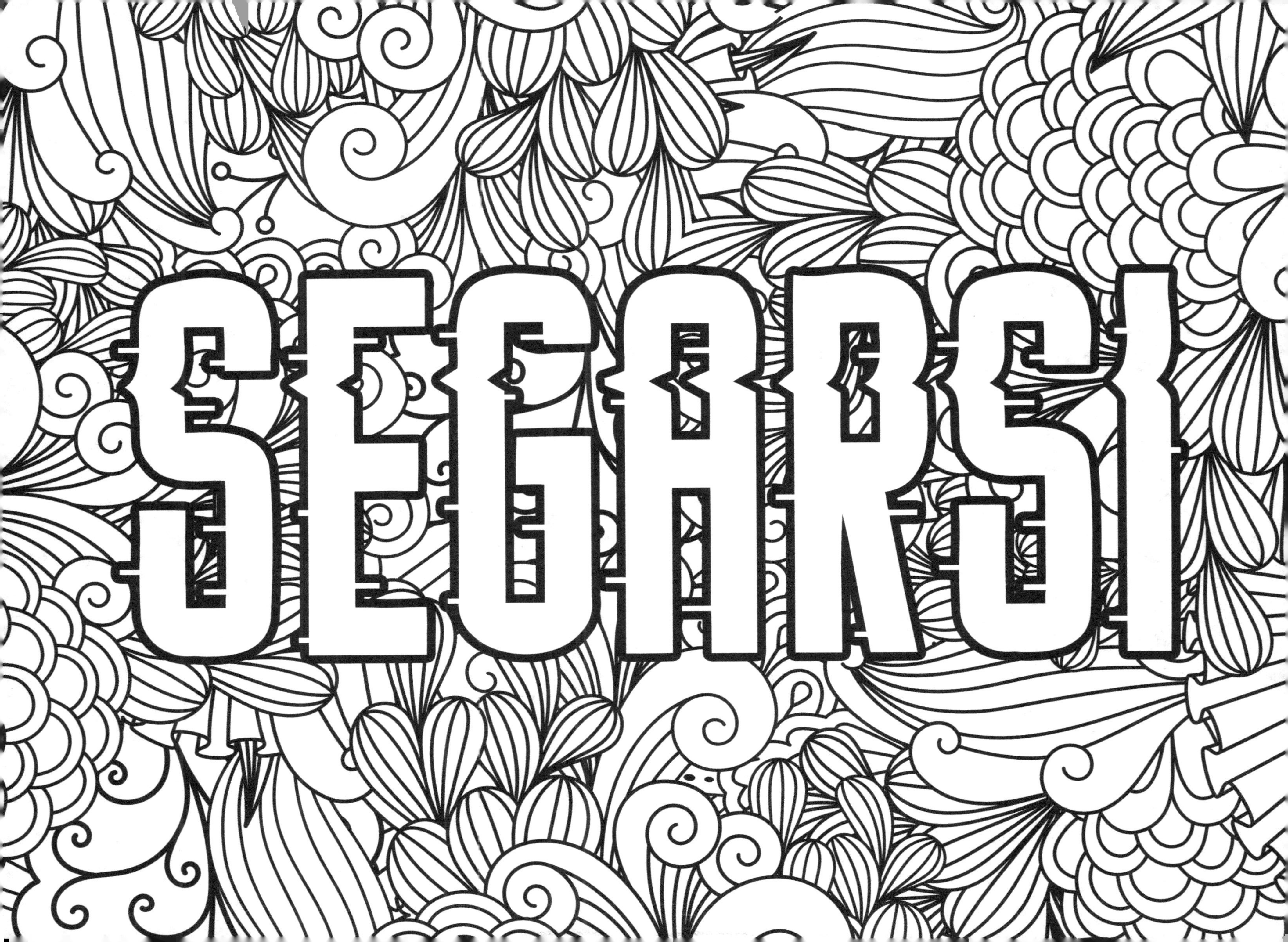
SEGARSI

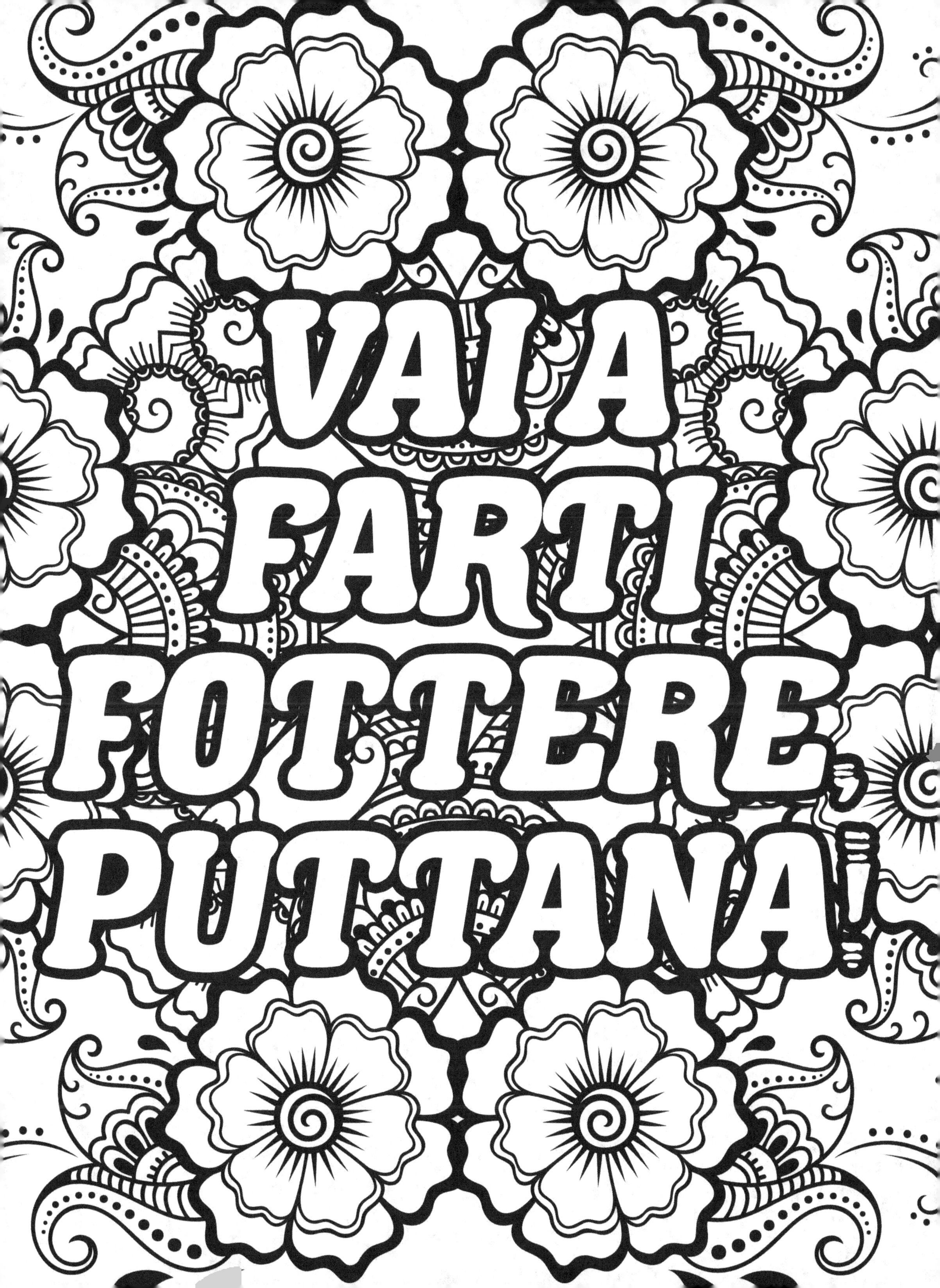
VAI A
FARTI
FOTTERE,
PUTTANA!

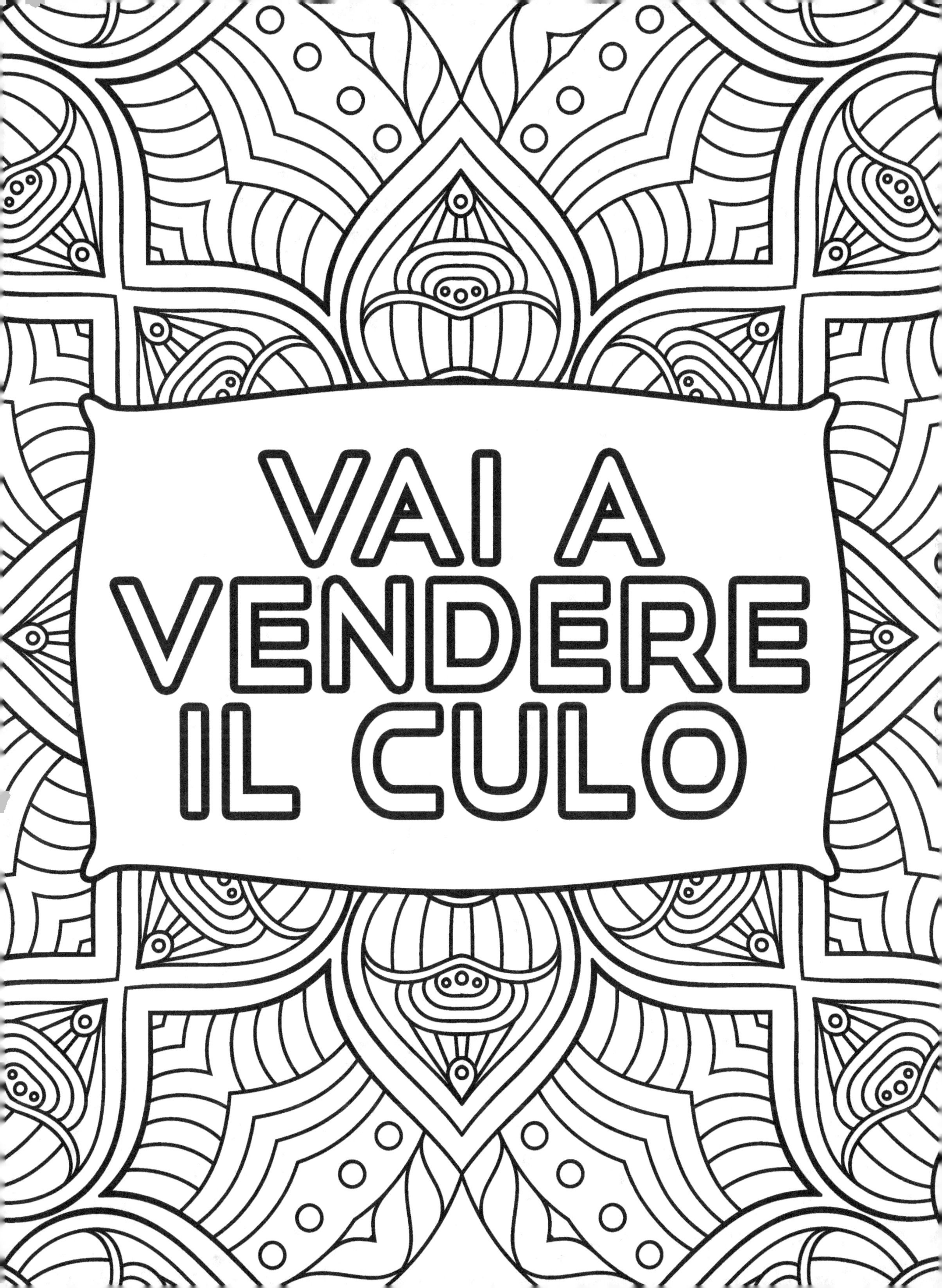
VAI A VENDERE IL CULO

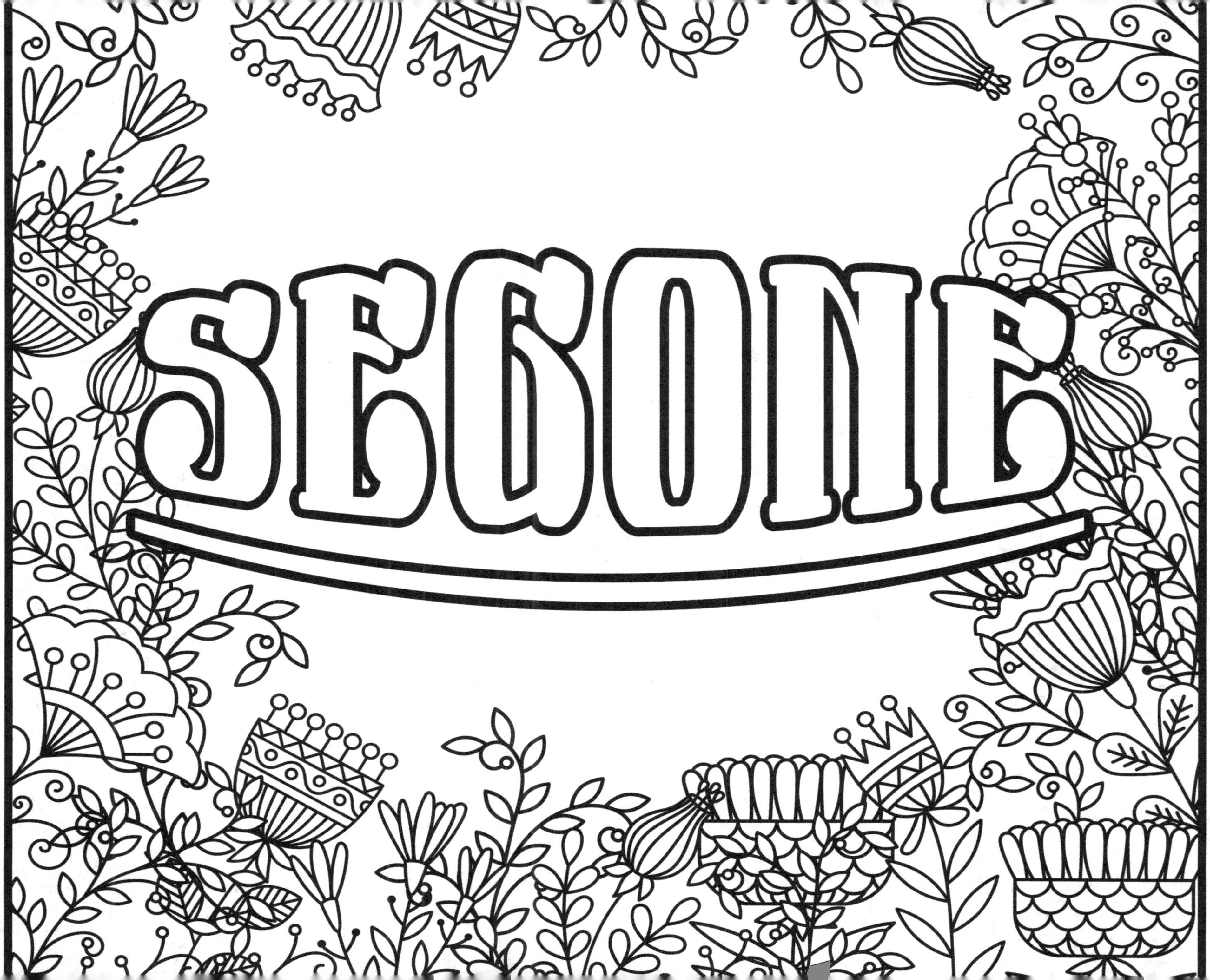
SEGONE

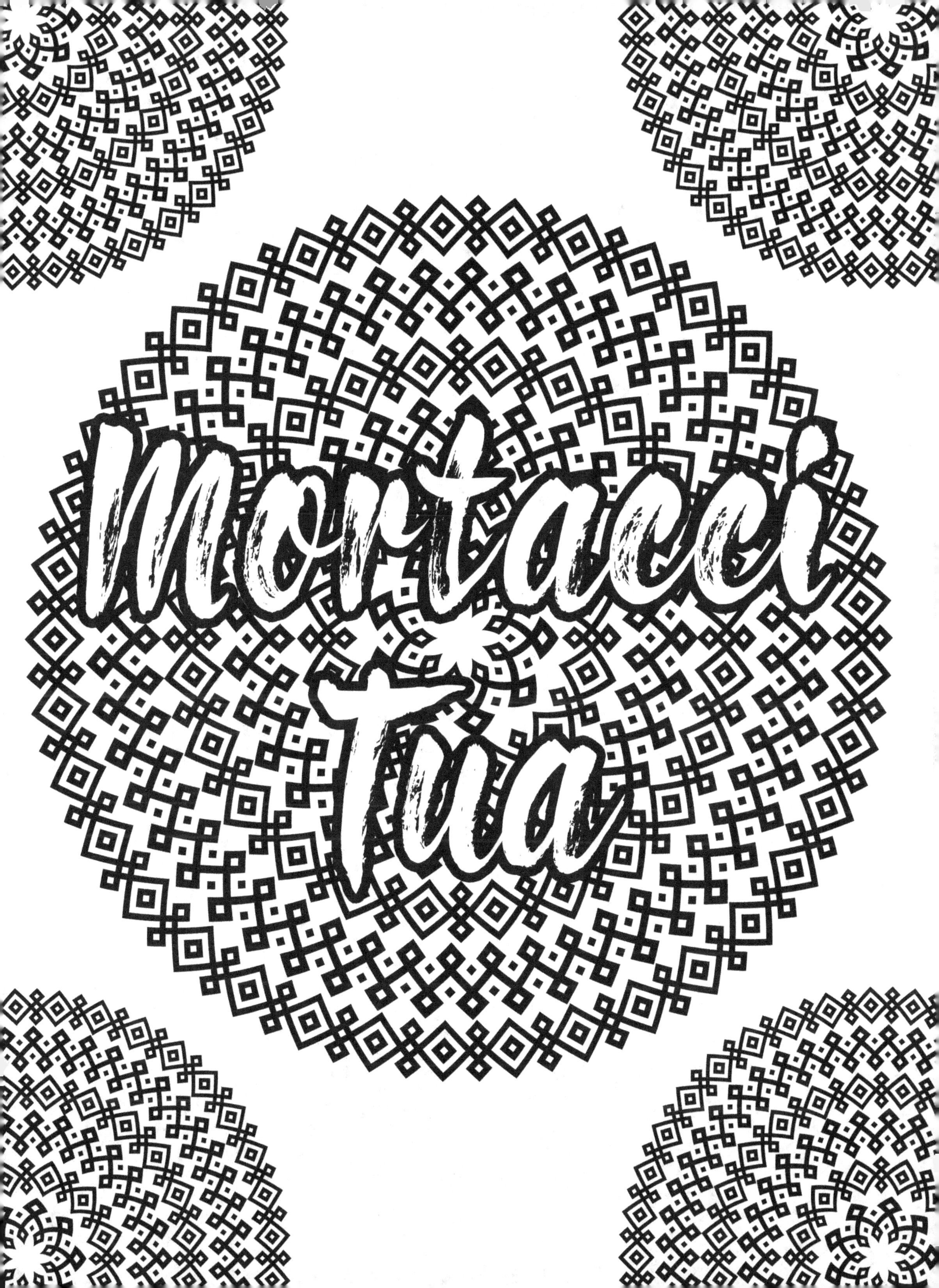
Mortacci
Tua

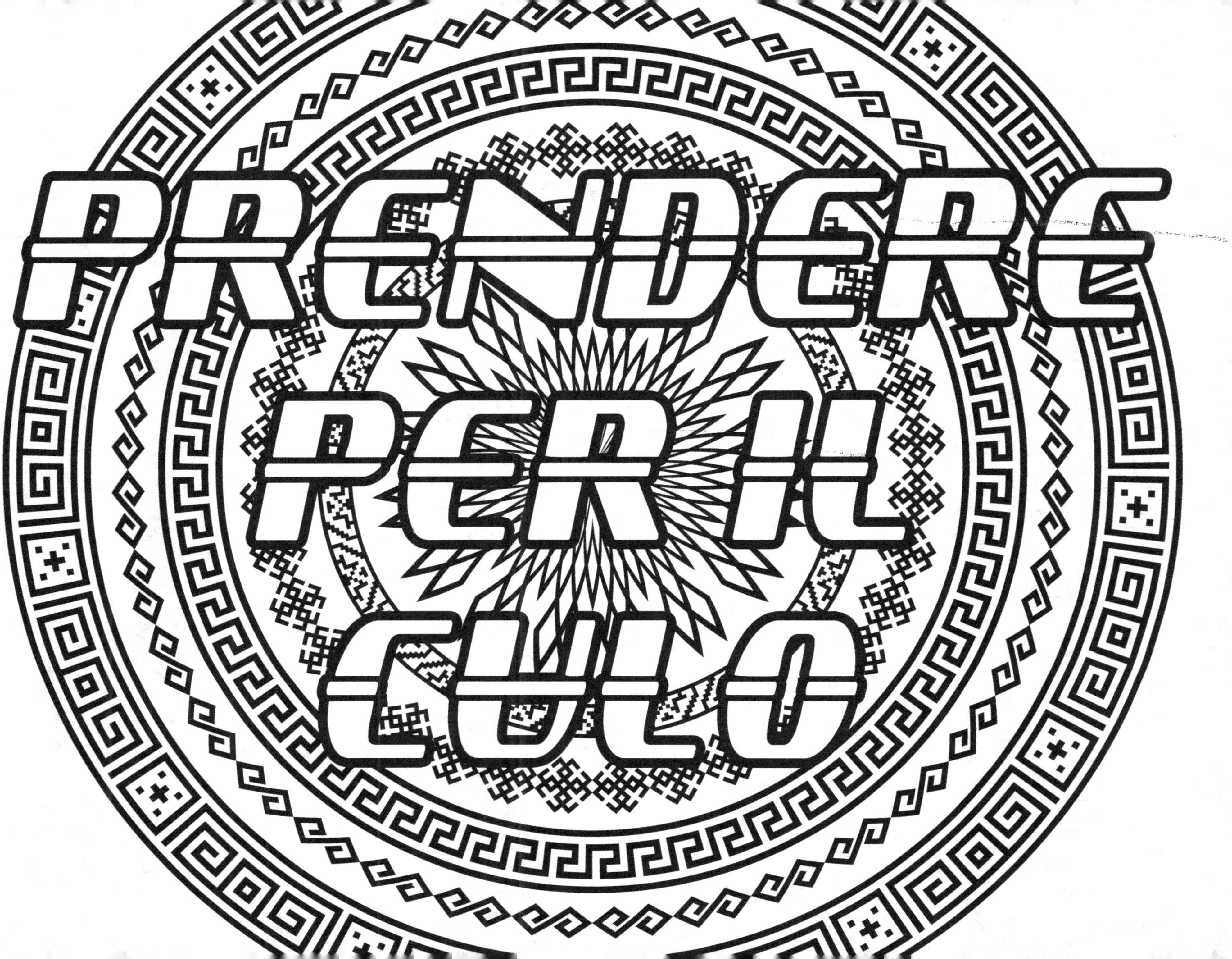
PRENDERE
PER IL
CULO

www.ingramcontent.com/pod-product-compliance
Lightning Source LLC
Chambersburg PA
CBHW080508220526
45465CB00006B/2416